朱永嘉—作品—

论李贽

骨坚金石，气薄云天；

言有触而必吐，意无往而不伸。

朱永嘉　著

中国长安出版社

凡事要坚持道义或者真理，那就应敢于藐视高高在上的大人物之一切错误的言论，没有这个勇气，那就不可能成为一个有道义的人。

目　录

下 篇 毛泽东晚年辑录《史纲评要》二十三篇释读

前　言

本书由两部分组成，前一部分讲李贽的生平、思想及其为人宗旨，后一部分释读毛泽东晚年辑录李贽《史纲评要》二十三条。前后花了三四个月时间，写作的次序是先释读《史纲评要》的二十三条，后写其生平、思想与其为人宗旨。从阅读的角度讲，先了解其生平和思想，再读《史纲评要》二十三条为宜，便于读者从李贽的生平思想入手，逐渐进入中国古代历史领域。

“打倒孔家店”是新文化运动和五四运动的产物，是思想启蒙运动的一个标志，然而在明代中晚期，李贽便能提出“以孔子之是非为是非，故未尝有是非耳”的命题，以改变人们的思维定式。这就值得人们去思考李贽是怎样一个历史人物，他的为人及其思想脉络究竟是怎么回事。

李贽是中国历史上少有的叛逆者，他确实为我们的传统文化开拓了一个全新的境界。李贽是学而思者，他勤奋读书，又能独立思考，对中国历史有着超前独到的认识和见解，认真读他的书，确实能启发人去认真思考。这当然不是说他的议论全都正确，任何结论都是可以分析的，既有合理的一面，亦有不完善的一面。他的长处，是启发我们认真思考，去求索为人的宗旨，探求如何处理人与人之间的各种相互关系，找到如何面对历史、现实和未来的答案。

上篇

李贽的生平、思想与为人宗旨

丈夫之生，原非无故而生，则其死又岂容无故而死乎？其生也有由，则其死也必有所为。未有岑岑寂寂，卧病床褥间，扶柩推辇，埋于北邙之下，然后得为死所矣。

开场白：从《明史》关于李贽的记载说起

李贽，原姓林，名载贽，明嘉靖六年（1527年）出生于福建泉州晋江，嘉靖三十一年（1552年）考中举人后改姓李，为避穆宗讳改名贽，字宏甫，号卓吾，别号温陵居士、百泉居士等。历官共城（今河南辉县）教谕、南京国子监博士、礼部司务，隆庆四年（1570年）任南京刑部员外郎，万历五年（1577年）任云南姚安知府，三年后弃官，后寄寓黄安（今湖北红安）、麻城芝佛院。万历三十年（1602年），以“惑世诬民”罪名被捕下狱后自杀，享年七十六岁。

李贽从幼年起，就形成了叛逆的性格，他的思想和为人都反映了这种性格。他的作品我们现在能看到的有《焚书》《续焚书》《藏书》《续藏书》和《史纲评要》，《藏书》是依纪传体评论历史人物，《史纲评要》是按编年体评论历史人物，《焚书》大部分是他与时人通信的辑录，以及对自己经历的叙述和所作诗文及史论的辑录，也有一些是表达他对当时社会思潮的思考和评论。要了解李贽的思想及其为人，离不开他自己留下的作品。

《明史》没有为李贽立传，只是在耿定向的传记中提到他。耿定向兄弟本来是李贽的朋友，李贽在五十三岁以后，在黄安耿定向家为其子女任教职。李贽与耿定向的弟弟耿定理在思想观念上比较一致，耿定理去世以后，李贽与耿定向之间由于思想分歧而互相对立，从此二人成为两条车道上跑的车，从互相争论到互相指责，到最后李贽被耿定向所逐。《明史·耿定向传》云："定向初立朝有时望，后历徐阶、张居正、申时行、王锡爵四辅，皆能无龃龉。至居正夺情，寓书友人誉为伊尹，而贬言者，时议訾之。"从这一段话可以知道耿定向属于在朝执政的阵营，至于他的学术思想，其本传云："其学本王守仁，尝招晋江李贽于黄安（今湖北红安）。"在思想起源上，他与李贽都属于王艮的泰州学派，二人所走的道路则完全相反，实际上耿定向与弟弟耿定理在为人和思想倾向上也不完全一致。从行为上讲，耿定向是在朝为官，谋求仕途的发展，而李贽则是在野，思想倾向于禅宗讲道、讲禅，那么耿定向对李贽的态度发生变化也就容易理解了。史传称："后渐恶之，贽亦屡短定向。士大夫好禅者往往从贽游。贽小有才，机辨，定向不能胜也。"从道理上讲，耿定向说不过李贽，就依仗权势来压制他。定向的弟弟耿定理则与其兄不同，《明史》称："定理终诸生，与定向俱讲学，专主禅机。"耿定理不为官，不谋富贵，一心与李贽讲道，故耿定理一死，李贽便只能离开黄安了。

关于李贽本人的经历，在《明史·耿定向传》亦有言及，其云：

> 贽为姚安知府，一旦自去其发，冠服坐堂皇，上官勒令解任。居黄安，日引士人讲学，杂以妇女，专崇释氏，卑侮孔孟。后北游通州，为给事中张问达所劾，逮死狱中。

这里所言与事实有出入，李贽剃发是在麻城，是姚安知府任满后致仕，并非“勒令解任”。至于其中指责的“杂以妇女，专崇释氏，卑侮孔孟”，他当时不是在黄安，而是在麻城，是周友山支持他在麻城安顿。李贽《与周友山书》称“不肖株守黄、麻一十二年矣”，这十二年只有三年在黄安，故主要不是在黄安，而是在麻城。所谓“日引士人讲学，杂以妇女”，说的主要是在麻城的事。

一、李贽的家世及其早年为官经历

李贽有一篇短文，讲自己的为人和性格。他说：

> 其性褊急，其色矜高，其词鄙俗，其心狂痴，其行率易，其交寡而面见亲热。其与人也，好求其过，而不悦其所长；其恶人也，既绝其人，又终身欲害其人。（《焚书》卷三《自赞》）

这一段文字，如果要用一句话来概括，那就是“横眉冷对千夫指”，而他对平民的态度，他在《老子解》下篇称：“庶人非下，侯王非高。在庶人可言贵，在侯王可言贱，特未知之耳。”故其还有一点“俯首甘为孺子牛”的精神嘛！

李贽的父亲名钟秀，号白斋。李贽在文中称：“吾大人何如人哉？身长七尺，目不苟视，虽至贫，辄时时脱吾董母太宜人簪珥以急朋友之婚，吾董母不禁也。此岂可以世俗胸腹窥测而预贺之哉！”（《焚书》卷三《卓吾论略》）李贽是在二十五岁考中了举人，那年是嘉靖三十一年（1552 年），他没有再在科举这条路上前行，由于家境的困难，只能到官府去谋求一个职务，以养家糊口。他在《卓吾论略》中称：“吾初意乞一官，得江南便地，不意走共城（今河南辉县）万里，反遗父忧。”

他到河南任教谕之职，按明制，府设教授，州设学正，县设教谕，各一，生员之数，府学四十人，州、县依次减十。师生月廪食米人六斗，有司给以鱼肉，学官月俸有差。他所在之共城，属卫辉府，亦称辉县，是一个县级单位，他在那儿国子学的职务是教谕。因父忧只能“守制东归”，他随后叙述自己经历的困境。

> 时倭夷窃肆，海上所在兵燹。居士间关夜行昼伏，余六月方抵家。抵家又不暇试孝子事，墨衰率其弟若侄，昼夜登陴击柝为城守备。城下矢石交，米斗斛十千无籴处。居士家口零三十，几无以自活。三年服阕，尽室入京，盖庶几欲以免难云。居京邸十阅月，不得缺，囊垂尽，乃假馆受徒。馆复十余月，乃得缺，称国子先生，如旧官。（《焚书》卷三《卓吾论略》）

那一年是嘉靖四十三年（1564 年）六月，“如旧官”即任北京国子监博士，当时他三十八岁，在《豫约·感慨平生》中说自己与祭酒、司业不合。《卓吾论略》云：

未几，竹轩大父（其祖父）讣又至。是日也，居士次男亦以病卒于京邸（李贽有二子三女，其自称“予二十九而丧长子”）。余闻之，叹曰：“嗟嗟！人生岂不苦，谁谓仕宦乐。仕宦若居士，不乃更苦耶！”吊之。入门，见居士无异也（苦在心里）。居士曰：“吾有一言，与子（指其上级官员）商之：吾先曾大父大母（曾祖父母）殁五十多年矣，所以未归土者，为贫不能求葬地；又重违俗，恐取不孝讥。夫为人子孙者，以安亲为孝，未闻以卜吉自卫暴露为孝也。天道神明，吾恐决不肯留吉地以与不孝之人，吾不孝罪莫赎矣。此归必令三世依土。权置家室于河内（即把妻子和女儿留在辉县），分赙金一半买田耕作自食，余以半归，即可得也。（明代官员家有丧葬事，政府给予丧葬费，即赙金，这里是李贽与夫人黄宜人商量，留下一半赙金及孩子在河南，买田耕作以谋生。）第恐室人不从耳。我入不听，请子继之（请其上级官员一起去说服其妻黄宜人）！”居士入，反覆与语。黄宜人曰：“此非不是，但吾母老，孀居守我，我今幸在此，犹朝夕泣忆我，双眼盲矣。若见我不归，必死。”语未终，泪下如雨。居士正色不顾，宜人亦知终不能迕也，收泪改容谢曰：“好好！第见吾母，道寻常无恙，莫太愁忆，他日自见吾也。勉行襄事，我不归，亦不敢怨。”遂收拾行李托室买田种作如其愿。

从这一段文字可以知道，李贽先在河南共城任教谕三年，然后回家守丧三年，之后去北京候任，在京城“假馆授徒”以谋生，以后又要回乡葬三代先人，由于经济上的拮据，只能把家室留在河南，夫妇分手。可以看到，这一段时间他过的都是清苦的日子，甚至穷困到“几无以自活”。其回乡之后，河南遇灾，《卓吾论略》续云：

岁果大荒，居士所置田仅收数斛稗。长女随艰难日久，食稗如食粟。二女三女遂不能下咽，因病相继夭死。老媪有告者曰：“人尽饥，官欲发粟。闻其来者为邓石阳推官，与居士旧，可一请。”宜人曰：“妇人无外事，不可。且彼若有旧，又何待请耶！”邓君果拨己俸二星，并驰书与僚长各二两者二至，宜人以半籴粟，半买花纺为布。三年衣食无缺，邓君之力也。居士曰：“吾时过家毕葬，幸了三世业缘，无宦意矣。”

所谓“三世业缘”，指其把曾祖父、祖父及父亲一起入土安葬完毕。在儒家的传统观念中，侍死胜于侍生。1975 年《文物》

第一期《李贽的家世故居及其妻墓碑》记载，李贽的家族原姓林，后改姓李，六世祖林驽是泉州的巨商，以贸易往来于波斯湾，娶色目女，之后相当长时间其家庭与伊斯兰教往来密切，一直到曾祖父这一代，家道才中落。李贽本人自幼便受中国传统文化的影响，但在经商家风的熏陶下，性格中多少带有一种叛逆、一种自我奋斗的倔强。在李贽的书信中，他对商贾从来抱着同情和首肯的态度，这一点当然也与晚明经济发展、城市商业兴起、会馆与士子讲学的风气有关。从他二十五岁以后入仕的情况看，他是受尽了生活的煎熬，可见当时明代县学教谕的生活待遇实在清苦和艰难。当他第二次从家乡回到共城与家室相聚时，他是这样说的：

回首天涯，不胜万里妻孥之想，乃复抵共城。入门见室家，欢甚。问二女，又知归未数月，俱不育矣。此时黄宜人，泪相随在目睫间，见居士色变，乃作礼，问葬事，及其母安乐。居士曰："是夕也，吾与室人秉烛相对，真如梦寐矣。乃知妇人势逼情真。吾故矫情镇之，到此方觉'屐齿之折'也！"（《焚书》卷三《卓吾论略》）

从这一段李贽的自白，可见其对家室还是很有感情的，这是其满含真情的自白。而其妻黄宜人，亦真是一个无怨无悔、处处依着李贽的贤妻良母。其后李贽至京，"补礼部司务"，《卓吾论略》续云：

> 人或谓居士曰："司务之穷，穷于国子，虽子能堪忍，独不闻'焉往而不得贫贱'语乎？"盖讥其不知止也。居士曰："吾所谓穷，非世穷也。穷莫穷于不闻道，乐莫乐于安汝止。吾十年余奔走南北，只为家事，全忘却温陵、百泉安乐之想矣。吾闻京师人士所都，盖将访而学焉。"人曰："子性太窄，常自见过，亦时时见他人过，苟闻道，当自宏阔。"居士曰："然，余实窄。"遂以宏父自命，故又为宏父居士焉。

从这一段话可以知道，李贽实在是一个安贫乐道的人。他在共城有三年时间，在京师任礼部司务五年，在南京为刑部员外郎五年，所至皆为清水衙门，到五十一岁才到云南任姚安知府。他前后两次归乡，一次为父亲守孝三年，一次为归葬父祖三代又是三年。他在共城任县学教谕时，仰慕曾在那儿生活的邵雍，他说：

> 共城，宋李之才宦游地也，有邵尧夫安乐窝在焉。尧夫居洛，不远千里就之才问道。吾父子倘亦闻道于此，虽万里可也。且闻邵氏苦志参学，晚而有得，乃归洛，始婚娶，亦既四十矣，使其不闻道，则终身不娶也。

这一段话说明，李贽把闻道放在第一位，闻道高于安家。“安乐窝”是邵雍居处的名号，其自号为安乐先生。邵雍《宋史》有传，其云：

> 邵雍，字尧夫。其先范阳人，父古，徙衡漳，又徙共城。……雍少时，自雄其才，慷慨欲树功名。于书无所不读，始为学，即坚苦刻厉，寒不炉，暑不扇，夜不就席者数年。已而叹曰：“昔人尚友于古，而吾独未及四方。”于是逾河、汾，涉淮、汉，周流齐、鲁、宋、郑之墟，久之，幡然来归，曰：“道在是矣。”遂不复出。北海李之才摄共城令，闻雍好学，尝造其庐，谓曰：“子亦闻物理性命之学乎？”雍对曰：“幸受教。”……初至洛，蓬荜环堵，不蔽风雨，躬樵爨以事父母，虽平居屡空，而怡然有所甚乐，人莫能窥也。及执亲丧，哀毁尽礼。富弼、司马光、吕公著诸贤退居洛中，雅敬雍，恒相从游，为市园宅。雍岁时耕稼，仅给衣食。名其居曰“安乐窝”，因自号安乐先生。

从《宋史》这一段记载，可见李贽所仰慕的是如邵雍那样安贫乐道的人，乐道高于安家，这是李贽当年立身的宗旨。他对自己的夫人和子女不是没有感情，而是把闻道放在第一位，为了闻道可以舍弃自己的家庭生活，这对常人来说是难以接受的，但李贽则始终那么执着。他以那些年“落落竟不闻道”为憾，用现代的语言讲，即他在青壮年时代便以追求真理为自己的理想和宗旨，为了真理他可以舍弃家庭甚至自己的生命，为寻求同志可以四处奔波。早年在中国共产党人身上，也可以看到古人的这种优良品质。李贽既以闻道即追求真理为宗旨，那么他在给定的官僚体制之内就成为不愿接受管束之人。他追求个人的独立思考和探索所谓道的自由，他在《豫约·感慨平生》一文中解释自己剃发出家为僧之缘由时说：

缘我平生不爱属人管。夫人生出世，此身便属人管了。幼时不必言；从训蒙师时又不必言；既长而入学，即属师父与提学宗师管矣；入官，即为官管矣。弃官回家，即属本府本县公祖父母管矣。来而迎，去而送；出分金，摆酒席；出轴金，贺寿旦。一毫不谨，失其欢心，则祸患立至，其为管束至入木埋下土未已也，管束得更苦矣。我是以宁飘流四外，不归家也。其访友朋求知己之心虽切，然已亮天下无有知我者；只以不愿属人管一节，既弃官，又不肯回家，乃其本心实意。特以世人难信，故一向不肯言之。然出家遨游，其所游之地，亦自有父母公祖可以管摄得我。故我于邓鼎石初履县（即麻城县令）

时，虽身不敢到县庭，然彼以礼帖来，我可无名帖答之乎？是以书名帖不敢曰侍生，侍生则太尊己；不敢曰治生，治生则自受缚。寻思四字回答之，曰“流寓客子”。

正由于他不愿受管束的性格，官宦生活对他而言，自然就苦不堪言了。他说：

余之多事亦已极矣。余唯以不受管束之故，受尽磨难，一生坎坷，将大地为墨，难尽写也。为县博士，即与县令、提学触；（嘉靖四十三年）为太学博士，即与祭酒、司业触。如秦（秦鸣雷，字子豫），如陈（陈以勤，字逸父），如潘（潘晟，字思明），如吕（吕调阳，字和卿），不一而足矣。司礼曹务，即与高尚书（高拱）、殷尚书（殷士儋）、王侍郎、万侍郎尽触也。高、殷皆入阁，潘、陈、吕皆入阁，高之扫除少年英俊名进士无数矣，独我以触迕得全，高亦人杰哉！（这里的高即高拱，《明史》有传，李贽对高拱还讲了一句比较公平的评价。）……又最苦而遇尚书赵。赵于道学有名。孰知道学益有名，而我之触益又甚也。（赵指赵志皋，《明史》亦有传，任礼部尚书兼东阁大学士。）

二、李贽在云南的任职经历

万历五年（1577年），五十一岁的李贽出任姚安知府，那是管束地方百姓的父母官。李贽又是如何为官的呢？袁中道《李温陵传》称其为官“法令清简，不言而治”，“每至伽蓝，判了公事，坐堂皇上，或置名僧其间。簿书有隙，即与参论虚玄。人皆怪之，公亦不顾。禄俸之外，了无长物。久之，厌圭组，遂入鸡足山，阅《龙藏》不出。御史刘维奇其节，疏令致仕以归。”姚安是一个军民府，上有云南布政司使，下辖一州（即姚州）、一县（即大姚），那里上级的地方官有巡抚管辖，有一个千户所，是卫所军队的设置，而军队则由守道管辖。这个地方的社会治安很不稳定，除了流官的设置以外，还有土司。据《明史·云南土司》记载，姚安本汉弄栋、蜻蛉二县地，明洪武时改为姚安府，明初沐英曾奏以土官高保为姚安府同知，高惠为姚安州同知，以土官兼任流官的职务，“所属大姚县，有铁索箐者，本倮种。依山险，以剽掠为业，旁郡皆受其害。弘治间，稍有归命者，分隶于姚安、姚州。嘉靖中，乃专属姚安。其渠罗思者，有幻术，造伪印称乱。万历元年，巡抚邹应龙与总兵官沐昌祚讨平之，诸郡乃安。”李贽到达姚安府以后，在衙门的楹柱上，曾写下两幅对联，其一云：

从故乡而来，两地疮痍同满目；
当兵事之后，万家疾苦总关心。

这是他对当地形势的认知。另一对联云：

听政有余闲，不妨甓运陶斋，花栽潘县；
做官无别物，只此一庭明月，两袖清风。

这是他为官的准则。李贽在姚安府时，与时任洱海道佥事的顾养谦有来往，顾原任福建佥事，后调往云南，故二人有交往。关于李贽在云南如何为官，顾养谦亦有一段文字，题为《赠姚安守温陵李先生致仕去滇序》，其文云：

温陵李先生为姚安府且三年，大治，恳乞致其仕去。初先生以南京刑部尚书郎来守姚安，难万里，不欲携其家，其室人（黄宜人）强从之。盖先生居常游，每适意辄留，不肯归，故其室人患之，而强与偕行至姚安，无何即欲去，不得遂，乃强留。然先生为姚安，一切持简易，任自然，务以德化人，不贾世俗能声。其为人汪洋停蓄，深博无涯涘，人莫得其端倪。而其见先生也，不言而意自消。自僚属、士民、胥隶、夷酋，无不化先生者，而先生无有也。此所谓无事而事事，无为而无不为者耶。

谦之备员洱海也，先生守姚安已年余，每与先生谈，辄夜分不忍别去，而自是先生不复言去矣。万历八年庚辰之春，谦以入贺当行。是时先生历官且三年满矣，少需之，得上其绩，且加恩或上迁。而侍御刘公（即刘维）方按楚雄，先生一日谢簿书，封府库，携其家，去姚安而来楚雄，乞侍御公一言以去。侍御公曰："姚安守，贤者也。贤者而去之，吾不忍，非所以为国，不可以为风，吾不敢以为言。即欲去，不两月所，为上其绩而以荣名终也，不其无恨于李君乎？"先生曰："非其任而居之，是旷官也，贽不敢也。需满以幸恩，是贪荣也，贽不为也。名声闻于朝矣而去之，是钓名也，贽不能也。去即去耳，何能顾其他？"而两台皆勿许，于是先生还其家姚安，而走大理之鸡足。鸡足者，滇西名山也。两台知其意已决，不可留，乃为请于朝，得致其仕。

由此可知，李贽去职的前后因果，较袁中道的《李温陵传》

讲述得要客观平和一些。从这段文字可以知道，李贽急于去官的原因，是他不耐受人管束，他在任姚安知府时，固然有支持他的人，也有与他相抵触的人，那就是他在《豫约·感慨平生》中所称：

> 最后为郡守，即与巡抚王（凝）触，与守道骆（问礼）触。王本下流，不必道矣。骆最相知，其人最号有能有守，有文学，有实行，而终不免与之触，何邪？渠过于刻厉，故遂不免成触也。渠初以我为清苦敬我，终反以我为无用而作意害我，则知有己不知有人。今古之号为大贤君子，往往然也。记予尝苦劝骆曰："边方杂夷，法难尽执，日过一日，与军与夷共享太平足矣，仕于此者，无家则难住，携家则万里崎岖而入，狼狈而去，尤不可不体念之。但有一能，即为贤者，岂容备责。但无人告发，即装聋哑，何须细问。盖清谨勇往，只可责己，不可责人，若尽责人，则我之清能亦不足为美矣，况天下事亦只宜如此邪。"嗟嗟！孰知予竟以此相触也哉！虽相触，然使余得以荐人，必以骆为荐首也，此余平生之大略也！

从这一大段议论可以知道，李贽认为姚安府这个地方军夷杂处，只能求平安无事，要认真也很难，反而添乱，这与内地的情况不同。从袁中道的描述可以知道，李贽在那里实施的是清静无为而治。

李贽在姚安府任上，还写过一篇《论政篇》，是为罗琪去姚州任职而作。姚州是姚安府下属的一个州，为了支持罗琪的工作，李贽说了一番治理地方的方针。他说：“夫道者，路也，不止一途。”这是讲管理地方的方针路线，不是只有一种途径。在李贽看来，有“君子之治”与“至人之治”两种路线，“且夫君子之治，本诸身者也；至人之治，因乎人者也。本诸身者，取必于己；因乎人者，恒顺于民，其治效固已异矣。”君子之治，是从自己出发，是从条文出发；至人之治，则从客观情况出发，顺乎百姓之日常人情的要求。“欲为一切有无之法以整齐之，惑也。于是有条教之繁，有刑法之施，而民日以多事矣。”换句话说，地方官要限时限刻地一切都整齐划一于自己的政令，那就多事了，其结果必然条教繁多，刑法屡施，民众反而为之受累。这一类君子之治，不能说其出发点都坏，但实际上是犯了主观主义与教条主义、命令主义的错误。李贽说：

> 至人则不然，因其政不易其俗，顺其性不拂其能，闻见熟矣，不欲求知新于耳目（不要动辄要求改变面貌以一新耳目而扰民之安定），恐其未寤而惊也（即使出于好意，百姓因为不理解而受到惊吓），动止安矣，不欲重之以桎梏，恐其絷而颠且仆也。

让老百姓过安静的生活，不要去“桎梏”他们。说到底李贽还是宽以待民，无为而治，这是他对罗琪前去管理姚州的要求，也是他治理姚安府的方针。其实君子之治与至人之治，都是管理地方行政的方法，这一切都要因地制宜，因势而为，很难一概而论。在姚安这样的地方，则以安定为上。姚安这个地方，一直有土官任地方官，明初便有高保为姚安府同知，高惠为姚安州同知；弘治中有土官高栋与叛军战，死于板桥驿；嘉靖时有土官高鹄为救布政司徐樾而死之。可见高姓之土官，世世忠于明王朝。李贽为姚安知府时，也有高氏之后裔任职，李贽作有一篇《高同知奖劝序》，其云：“夫滇南迤西，流土并建，文教敷治，二百余年矣。盖上采前王封建之盛制，下不失后王郡县之良规者也。”下面他叙述高氏的历史：

尔高氏之先，吾不知其详矣。自为内臣以来，我高皇帝怜其来归而不忍迁之也，则使之仍有土之业；因其助顺而不忍绝之也，则使之与于世及之典。又念其先世曾有功德于民，而吾兵初不血刃也，则授以大夫之秩，以延其子孙而隆其眷。……且今之来此而为郡守州正县令者，岂易也哉？……高子年幼质美，深沉有智，循循雅饬，有儒生之风焉。其务世其家以求克盖前人者，尤可嘉也。於戏！余既直书奖语，悬之高门，以为高氏光宠矣，因同官之请，又仍次前语以贺之，其尚知恩报恩，以无弃余言，无负于我国家可也！

可见李贽对当地世袭为地方官员的土官，还是以奖励表彰为主，以求地方的安宁。他为郑姓之大姚县令所作送别序文，也反映了他在姚安处理政务的方针，其云：

夫大姚，滇下邑也，僻小而陋，吾知君久矣，其不受也。观君魁然其容，充然其气，洞然不设城府。其与上大夫言，如对群吏，处大庭如在燕私，偃倨似汲黯，酣畅似曹参。此岂儒者耳目所尝睹记哉！君独神色自若，饮啖不辍，醉后耳热，或歌诗作大字以自娱，陶陶然若不以邑事为意，而邑中亦自无事。嗟夫！君岂亦学黄老而有得者耶！抑天资冥契，与道合真，不自知其至于斯也！不然，将惧儒者窃笑而共指之矣，而宁能遽尔也耶！吾与君相聚二载余矣，亦知君之为人矣，今其归也，其有不得者乎？……君既耻为令矣……亦惟有归去而已。行李萧条，童仆无欢，直云穷矣，能无恸乎！如君作达，皆可勿恤也。君第行，吾为君屈指而数之，计过家之期，正菊花之候，饮而无资，当必有白衣送酒如贤刺史王公者，能令君一醉尔也。（《焚书》卷三《送郑大姚序》）

从这两篇短文也可以知道，姚安这个偏僻的地方，李贽执政的三年太平无事，地方是受益的。郑姓县令以汲黯、曹参无为而治作为治理方针，也是李贽理政的方针。当然也有对李贽不满的，那就是时任云南巡抚的王凝和云南守道骆问礼，那时就有人作《读〈论政篇〉》质询李贽，提出："礼乐刑政，未敢以桎梏视之也。"王凝与骆问礼是李贽的顶头上司，也许这就是他急于离开姚安的原因吧！

李贽在万历二十四年（1596 年）七十岁时，读杨升庵的文集，还写过一篇《蜻蛉谣》（据《明史·地理志》，姚州南有青蛉河，《蜻蛉谣》之名也许即由此而来），讲的是他在姚安府任知府时的感慨。在李贽上任之前，那个地方还发生过起兵作乱的事。《明史·土司·姚安》讲了嘉靖时的一件事，其云："嘉靖三十年，土官高鹄当元江之变，布政司徐樾遇害，奋身赴救，死之。"这个徐樾是泰州学派的学者之一，是王艮的弟子，《明史·儒林·王艮》附载：

> （徐）樾，字子直，贵溪人。举进士，历官云南左布政使。元江土酋那鉴反，诈降，樾信之，抵其城下，死焉。诏赠光禄寺卿，予祭葬，任一子官。

从徐樾的遭遇看，明代在这个地区的治理并不太稳定，李贽的想法是在那里实施清静无为之策，顺民之性，使官民共享太平，他这种想法无法得到官僚系统的认可，所以他在《蜻蛉谣》中会如此言：

> 古今人情一也，古今天下事势亦一也。某也从少至老（那一年他已七十岁了），原情论势，不见有一人同者，故余每每惊讶，以为天何生我不祥如此乎！夫人性不甚相远，而余独不同，非不祥而何？余初仕时，亲见南倭、北虏之乱矣；最后入滇，又熟闻土官徭僮之变矣。大概读书食禄之家，意见皆同，以余所见质之，不以为狂，则以为可杀也。

这里人以为狂，甚至可杀，是对李贽自己而言，说明他深深感到自己的所思所为，与世之读书食禄之家实在合不上拍。

三、李贽的致仕与出家为僧

李贽获准离任是在万历八年（1580年）七月间，实际上他在三月间便已主动去职，去了鸡足山，故自称“因兹得览滇中之胜”。对于三年为官的感受，他在《复焦弱侯》的信中说：“怕居官束缚，而心中又舍不得官，既苦其外，又苦其内。此其人颇高，而其心最苦，直至舍了官方得自在。”这里他所说“心中又舍不得”，当然不是舍不得与官位相联系的各位。他离开姚安时，康熙时的《姚州志》称：“士民攀卧道旁，车不得发，囊中仅图书数卷。”他舍不得的是姚安的“士民”，一个人为官一方，最看重的应是他在那个地方民众心目中的地位如何。李贽离开云南的具体时间应在万历九年（1581年）二月，离开的路径是经过贵州，自四川沿江而下，初夏到黄安。他为什么把黄安作为自己的落脚地，不回家乡晋江呢？隆庆六年（1572年），李贽在南京刑部员外郎任上，耿定理来南京，与李贽、焦竑讨论学问，后来李贽在《耿楚倥先生传》一文中，回忆这次他们会见讨论学问的情况。

岁壬申，楚倥（耿定理）游白下（南京），余时懵然无知，而好谈说。先生默默无言，但问余曰："学贵自信，故曰'吾斯之未能信。'又怕自是，故又曰'自以为是，不可与入尧、舜之道'。试看自信与自是有何分别？"余时骤应之曰："自以为是，故不可与入尧舜之道；不自以为是，亦不可与入尧舜之道。"楚倥遂大笑而别，盖深喜余之终可入道也。余自是而后，思念楚倥不置，又以未得见天台为恨。

这次对话，使两人建立深交。耿定理问得很巧妙，自信与自以为是，两者是一回事，自信与不自信，自以为是与不自以为是，哪一个答案正确，都是有前提的，这个前提是看对什么自信、信什么，都要有相应的物质条件和思想基础，还有对自身所处的形势能否有比较正确的判断。是否正确，不能抽象地讲，盲目地讲自信，便变成"自以为是"了。李贽的答复很机智，因为抽象地提出这个问题，都不能有正确的答案。其实这个思考题，到今天还有现实意义。对于自信而言，不能抽象地讲，要有具体内容作为前提，内容要有科学的论证，否则的话，抽象地讲自信，会变成盲目，变成自以为是，变成一种骄傲和自满的情绪，对思想认识的提高不一定有利。从这两个命题，可以知道这两位古人还是在认真思考的，耿定理大笑表明他认可李贽回答的巧和妙。

李贽在《耿楚倥先生传》中继续说：

丁丑入滇，道经团风（在湖北黄冈县北五十里），遂舍舟登岸，直抵黄安见楚倥，并睹天台，便有弃官留住之意。楚倥见余萧然，劝余复入，余乃留吾女并吾婿庄纯夫于黄安，而因与之约曰："待吾三年满，收拾得正四品禄俸归来为居食计，即与先生同登斯岸矣。"楚倥牢记吾言，教戒纯夫学道甚紧。吾女吾婿，天台先生亦一以己女己婿视之矣。

这就是李贽致仕以后即回湖北黄安的原因。李贽在万历九年（1581年）初夏抵达黄安，住在五云山耿定理的天窝书院，这是耿定理讲学的场所，李贽的《藏书》大半脱稿于这里。李贽到了黄安以后，从女婿庄纯夫处获悉，耿定向与耿定理在思想观念上存在分歧。李贽在《耿楚倥先生传》中称：

庄纯夫曾告我曰："……子庸曾问天台云：'《学》《庸》《语》《孟》，虽同是论学之书，未审何语最切？'天台云：'圣人人伦之至一语最切。'子庸谓'终不若未发之中之一言也'。"余当时闻之，似若两件然者。夫人伦之至，即未发之中，苟不知未发之中，则又安能至乎？盖道至于中，斯至矣。故曰："中庸其至矣乎。"又曰："无声无臭至矣。"

耿定理所言"未发之中"出于《中庸》所言："喜怒哀乐之未发，谓之中，发而皆中节谓之和，中也者天下之大本也，和也者天下之达道也。"而耿定向"圣人人伦之至"出于《中庸》所言："君臣也，父子也，夫妇也，昆弟也，朋友之交也，五者天下之达道也。"在这个问题上，李贽的观念与耿定理比较一致。仅仅外在地表现，没有内心未发之中，也就是那个属于本能的良知，那可能是虚假的表现，没有内心的思想基础。

李贽抵达黄安的三年，还比较安定，思想上的分歧既已存在，总还要表现出来。次年，周思久（字柳塘）与耿定理论学时，便提出耿定向"重名教"，李贽"识真机"。周思久解释说，"重名教"是以"继往开来为重"，而"识真机"是以"任真自得"为趣。中间有耿定理从中调和，李贽与耿定向之间还没有发生直接的冲突。万历十二年（1584 年）耿定理去世后，李贽在《与焦弱侯太史》书中说："自八老（即耿定理）去后，寂寥太甚，因思向日亲近善知识时，全不觉知身在何方……生死在念，他人不知故耳，自今实难度日矣。"他在《哭子庸》一文中说："已矣，莫我知，虽生亦何益！"耿定理去世以后，李贽与耿定向在思想上的分歧亦日益尖锐化了。那年的七月，耿定向离黄安去北京，就任都察院左副都御史，八月又升任都察院右副都御史。官越大，维护既定秩序的心更切，那么重名教与继往开来的心更切。万历二十三年（1595 年），李贽在《耿楚倥先生传》中回忆十一年前双方争论的情况。当时李贽守定“未发之中”一言，“恐天台或未窥物始，未察伦物之原，故往来辩论，未有休时，遂成扞格，直至今日耳”，说明二人之间的矛盾起于思想上的分歧。李贽来黄安时担任耿家子弟的教学，耿定向认为李贽会教坏他家子弟，故屡次责怪李贽。耿定向有独子名克明，他认为儿子耿克明不肯生子是由于李贽的缘故，称“因他超脱，不以嗣续为重，故儿效之耳”，“因他超脱，不以功名为重，故害吾家儿子”。耿定向在《又与周柳塘》信中说自己“仅一子，孤注耳，血气尚未宁也，兄若以此导之，忍耶？”耿定向如此一再地苛责李贽，尽管耿克明与李贽相处很友好，但李贽在耿家怎么也待不下去了，只能离开天窝书院，到似马山吴少虞的洞龙书院。关于林道乾的议论，就发生在那里，见之于文字则比较迟了。李贽之所以议论林道乾，也是针对耿定向的，耿在万历六年（1578 年）曾派人檄谕柬埔寨擒拿海贼林道乾。次年三月，李贽离开黄安，徙居麻城，周思久、周思敬兄弟在麻城购买民居，改建为维摩庵以安顿李贽。

李贽决心离开黄安时，让他的女婿庄纯夫把住在黄安的家眷全部送回了福建老家，自己一个人留居麻城，他写了《与耿司寇告别》的信，在信中对耿定向说：

唯公家二三子侄，可以语上。可与言而不与之言，失人，此则不肖之罪也。其余诸年少或聪明未启，或志向未专，所谓不可与言而与之言则为失言，此则仆无是矣。虽然，宁可失言，不可失人。失言犹可，失人岂可乎哉！盖人才自古为难也。

这是回答耿定向对其在耿家教职之责难，谓他对耿家子弟没有故意去影响他们什么，耿克明对科第、功名的超脱是其自己的选择。信中另一点称：

贱眷思归，不得不遣；仆则行游四方，效古人之求友。

这样他与耿定向便脱离关系了。他在《与曾继泉》的信中解释说：

贱眷苦不肯留，故令小婿小女送之归。然有亲女外甥等朝夕伏侍，居官俸余又以尽数交与，只留我一身在外，则我黄宜人虽然回归，我实不用牵挂，以故我得安心寓此，与朋友嬉游也。

实际上这次李贽遣眷返家，是实在无法带着家眷住在麻城的维摩庵，他是投靠在周氏兄弟那儿。李贽在维摩庵前后住了三年，曾作诗称自己是“带发辞家一老僧，三年长伴佛灯前”，那一年李贽已经六十岁了。李贽住进维摩庵第一年的春天，便患病一年左右，次年春他写信给焦竑，说明去年送眷属返乡的事。他在信中说：

盖室人归意虽切，然终欲弟同行，又欲弟同归终老，此虽室人未曾言，然弟固知其必如此耳，此如何可从！亦又如之何肯从之乎！（《李卓吾先生遗书》第一卷《与焦弱侯》）

李贽的夫人黄宜人回乡以后，心情也很不好，她带了女儿、女婿在万历十五年（1587 年）返回福建泉州，次年闰六月便因病去世了，寿仅五十六。直到万历十七年（1589 年）的二月，李贽才知道这个消息，他写信给女婿庄纯夫，还是很有感情的，他在信中说：

相聚四十余年，情境甚熟，亦犹作客并州既多时，自同故乡，难遽离割也。夫妇之际，恩情尤甚，非但枕席之私，亦以辛勤拮据，有内助之益。若平日有如宾之敬，齐眉之诚，孝友忠信，损己利人，胜似今世称学道者，徒有名而无实，则临别尤难割舍也。何也？情爱之中兼有妇行妇功妇言妇德，更令人思念尔，尔岳母黄宜人是矣。独有讲学一事不信人言，稍稍可憾，余则皆今人所未有也。我虽铁石作肝，能不慨然！况临老各天，不及永诀耶！已矣，已矣！自闻讣后，无一夜不入梦，但俱不知是死。岂真到此乎？抑吾念之，魂自相招也？想他平生谨慎，必不轻履僧堂。然僧堂一到亦有何妨。（《焚书》卷二《与庄纯夫》）

信的最后，他叮嘱："纯夫可以此书焚告尔岳母之灵，俾知此意。""纯夫千万焚香化纸钱，苦读三五遍，对灵叮嘱，明白诵说，则宜人自能知之。"李贽还作有《哭黄宜人》一诗，今录于下。

结发为夫妇，恩情两不牵。今朝闻汝死，不觉情凄然！
不为恩情牵，含凄为汝贤。反目未曾有，齐眉四十年。
中表皆称孝，舅姑慰汝劳。宾朋日夜往，龟手事香醪。
慈心能割有，约己善持家，缘余贪佛去，别汝在天涯。
近水观鱼戏，春山独鸟啼。贫交犹不弃，何况糟糠妻！
冀缺与梁鸿，何人可比踪？丈夫志四海，恨汝不能从！

从信与诗的内容看，李贽对黄宜人的感情还是非常真诚的。李贽夫妇的悲剧，与耿定向下逐客令难脱干系，黄宜人去世时，耿定向的堂弟耿定力从成都知府升为福建提学副使，黄宜人安葬时，是耿定力为其书写墓表，并捐俸银八两，为镌石助葬之资。耿家还是有人不受耿定向的影响，对李贽有情有义。当时有人说李贽遣眷回籍时，“举家为号恸，而渠怡然不戚心”。又称：“讣闻，卓吾不为恸，而友卓吾者忉怛不胜。”说他“不恸”也并不符合当时的实际情况，有他给女婿庄纯夫的信及所作哀诗可以作证。

李贽在麻城维摩庵做的另一件惊世骇俗之事，便是他把头发给剃了。在万历十六年（1588 年）的春夏之间，他把《藏书》初稿派人送到南京给焦竑审阅时，附有一信，信中讲到：

> 今世俗子与一切假道学，共以异端目我，我谓不如遂为异端，免彼等以虚名加我，何如？夫我既已出家矣，特余此种种耳，又何惜此种种而不以成此名耶！（《焚书》卷一《答焦漪园》）

这实际上是想以剃发表示与假道学们决裂，他对自己的朋友，则是另一番解释。袁中道《李温陵传》称：“（李贽）一日恶头痒，倦于梳栉，遂去其发，独存鬓须。”实际上这个行为表示自己是出家人了，可以不受拘束。他在《与曾继泉》信中说：

> 其所以落发者，则因家中闲杂人等时时望我归去，

又时时不远千里来迫我，以俗事强我，故我剃发以示不归，俗事亦决然不肯与理也。又此间无见识人多以异端目我，故我遂为异端以成彼竖子之名。

李贽的行为，在麻城及外界引起许多人的注意，如祝世禄便写信询问李贽落发的原由："几茎老发，留之不碍菩提，落之不长菩提，长者乃尔，岂示项羽无东意，抑别有指也？"（《环碧斋尺牍·寄宏甫先生》）这里讲"项羽无东意"是讲对了，与道学决裂也。耿定向得知李贽剃发以后，便当一回事了，他在《与周柳塘》第二十书中说：

家弟传兄教云：卓吾已剃发，属余更弗弹射。云云，吁，是何言欤！是何言欤！……不知兄睹卓吾薙发时胸中作何景象？若不是自省自愤行居坐卧时求讨自己安身立命处，而徒在卓吾头发上辨儒释，较是非，窃不取焉。虽然，平常中原自玄妙，粗浅中更是精微，圣学如是，佛学亦如是，佛降而禅，圣降而儒，斯道岐矣。卓吾发愤如此，计当必透此一关，透此一关，便是人天师矣。若由是益骛玄奇，只在禅家见趣上盘桓，吾恐不免堕入十二天魔中去也。（《耿天台先生文集》卷三）

那不是把李贽打入十八层地狱了吗？可见在这个时候，两个人在思想上是对立的。

万历十六年（1588 年），李贽六十二岁，那年秋天他从维摩庵迁居龙湖芝佛院。他住在维摩庵时，在龙湖芝佛院有僧无念及名深有者，常来向李贽问学。由于维摩庵在麻城市区，喧闹非静居处，李贽遂徙居至龙湖，在芝佛院右，有聚佛楼，清净可居，在那里他写了诗《薙发》四首及《初居湖上》一首，以剃发明其出家之志。

薙发

空潭一老丑，薙发便为僧。愿度恒沙众，长明日月灯。

有家真是累，混俗亦招尤。去去山中卧，晨兴粥一瓯。

为儒已半世，食禄又多年。欲证无生忍，尽抛妻子缘。

大定非关隐，魂清自可人。而今应度者，不是宰官身。

初居湖上

虽无妻与子，尚有未死身。

祝发当搔首，迁居为买邻。

这说明徙居的缘由是以友为邻。李贽还在佛堂上挂了一幅孔子画像，孔子《论语·为政》说过“攻乎异端，斯害也已”，李贽写了一篇《题孔子像于芝佛院》的文章，其中称“孔子有是言也”，“其曰‘圣则吾不能’，是居谦也。其曰‘攻乎异端’，是必为老与佛也”。他是这样解释孔子的话，孔圣人为大家所尊敬，吾从众，所以在佛院挂上孔子的画像。虽然佛老是异端，但也不要互不相容。这在当时又是一种匪夷所思的表现。在芝佛院，李贽还写了《五死篇》，表达他对生死问题的认识，他强调的是为人，死要死得其所。他说：

> 丈夫之生，原非无故而生，则其死又岂容无故而死乎？其生也有由，则其死也必有所为。未有岑岑寂寂，卧病床褥间，扶柩推辇，埋于北邙之下，然后得为死所矣。

李贽不同意如此平淡的死，他的结论是：

> 此间既无知己，无知己又何死也？大买卖我知其做不成也，英雄汉子，无所泄怒，既无知己可死，吾将死于不知己者以泄怒也。

这是表示他宁死不屈，即使死于伪道学的泄怒之迫害，也在所不惜。这反映了他斗争到底的决心，不幸的是这也成为他如何死的一句谶言了。李贽的态度表明了自己的硬骨头精神，真正的为人，就要有这样一副硬骨头，才能撑起那身臭皮囊，有一个人样。

万历十七年（1589年），李贽六十三岁，是年夏湖广大旱，麦禾两尽，人有疫病。李贽在《答周柳塘》的信中讲到“天灾时行，人亦难逃”。李贽派芝佛院僧人无念前往京师，向其好友求助。大家还是给了一点帮助，或赠俸，或写信。这一年焦竑以殿试第一名，官翰林院修撰，而袁宗道在万历十四年（1586年）会试第一，授庶吉士，进编修，与焦竑共事。焦竑后来是皇长子朱常洛的讲官，与董其昌是同事。这些人都与李贽有交往。那一年夏，袁宗道以册封楚府归里，临行，焦竑嘱他往见李贽。焦竑有《与袁太史卷》，其云：“于其还楚，漫书数言，以志别绪。亭州（即麻城）有卓吾先生在焉，试一往讯之，其有以开予也夫。”故李贽有《复焦弱侯》，后收入《焚书》卷二。李贽在信中提了一个不患人不己知，而患不知人的问题，这个话是孔子《论语·学而》中讲的：“不患人之不己知，患不知人也。”民间有一句俗语，不识字可以，不识人则难矣，这话有道理。李贽在信中说：“于用世上亲切不虚，则自能知人；能知人由于能自知。是自知为知人之要务，故曰‘知人则哲，能官人’。”“知人则不失人，不失人则天下安矣。”他还说：

> 得位非难，立位最难。若但取一概顺己之侣，尊己之辈，则天下之士不来矣。今诵诗读书者有矣，果知人论世否也？

这话对焦竑确是非常恳切的忠告，“得位非难，立位最难”，若得位之后，“但取一概顺己之侣，尊己之辈”，则又何以集思广益、防患于未然呢？天下之事，何思何虑，何由百虑而方能求一致，故有一个何以知己知人的问题。焦竑后来任皇长子朱常洛的讲官时，从《尚书·舜典》中选了一个问题给朱常洛：“‘稽于众，舍己从人’如何？”朱常洛回答：“稽者，考也。考集众思，然后舍己之短，从人之长。”那时朱常洛不过十三岁，时间在万历二十三年（1595 年），到万历二十九年（1601 年）才被正式册立为太子。从这个过程可知，李贽给焦竑的信还是起了作用，可惜的是，朱常洛到万历四十八年（1620 年）才即位为明光宗，仅仅在位一个月便去世了。即位的是他儿子明熹宗，实在是一个糊涂蛋，在皇宫中只会做木工活儿，却不懂得何以为帝。后面的崇祯帝，则又是一个刚愎自用的人，好端端地把大明江山给丢了。这一段历史，充分说明了李贽讲的得位易、立位难的道理，“若但取一概顺己之侣，尊己之辈”，“则天下之士不来”，在自己周围只能是一批吹吹拍拍的小人，那就很难不似崇祯帝那样，不仅自己吊死在煤山，而且断送了大明江山，岂不哀哉！这样的结局，中国历史上有，外国也不少。

四、李贽著述的刊刻及其与耿定向矛盾的爆发

万历十八年（1590年），李贽六十四岁，他人在龙湖之聚佛楼，他的《藏书》与《焚书》都是这一年在麻城龙湖刻印的，他为《焚书》写了一篇自序，其云：

> 今既刻《说书》，故再《焚书》亦刻，再《藏书》中一二论著亦刻，焚者不复焚，藏都不复藏矣，或曰："诚如是，不宜复名《焚书》也，不几于名之不可言，言之下顾行乎？"噫噫！余安能知，子又安能知。夫欲焚者，谓其逆人之耳也；欲刻者，谓其入人之心也。逆耳者必杀，是可惧也。然余年六十四矣，倘一入人之心，则知我者或庶几乎！余幸其庶几也，故刻之。

李贽这个话，也是大实话，这两本书刻印流传以后，读者有人高兴，有人恨之。《焚书》以李贽与朋友的书信为主，而这些

书信内容大部分与耿定向有关。李贽在书信中所揭露的伪道学，就集中在耿定向身上，反映在与耿定向的书信上是如此，与其他人的书信有许多也与此有关。他对假道学虚伪面目的揭露淋漓尽致，在旁人看来是感到痛快，如祝世禄在当时所作《与游麻城朋孚》一信，今节录其信于下：

> 李宏父侨居贵治……此老在滇中，以禅理为吏治，神则神君，慈则慈母，诸凡注措，脱尽今世局面。敝寮为姚安人，亹亹能言之。拂袂归来，著作甚富，有《藏书》，有《焚书》，有《说书》，其立论多出前人所未有，执陈说旧见者，闻之不怒则笑，不笑则惊悸而却走，乃其中煞有千古不可磨灭之见，定当与柱史、园吏、盲史、腐令独行于天地间，足下亦见之乎无也？敬问。（《环碧斋尺牍》卷二）

与李贽同时代的汤显祖在给当时苏州知府石昆玉的信中称："有李百泉先生者，见其《焚书》，畸人也，肯为求其书寄我骀荡否？"（《汤显祖集》卷四十四《寄石楚阳苏州》）从汤显祖要找《焚书》来读，可见此书刻印以后在社会上所引起的影响之广泛。

耿定向在万历十七年（1589 年）告老获准，次年三月抵黄安，六月看到李贽的《焚书》，当然非常恼火，写了一篇《求儆书》，其中有这样一段话：

> 昔夫子得子路，恶声不至于耳，非子路奋于勇遏绝天下之恶声不至也。……顾念予年七十，尚不免集诟，耻矣。诸所诬诋羞置一喙，谨以牍稿数草录寄相知者一览，高贤按此，谂予之缺而箴儆之，是望！

他做了两件事，一是把自己与李贽往返的信函集合在一起，抄录寄给相知者；二是希望有学生如子路为孔子遏绝恶声一样回击李贽。随后耿定向的学生蔡弘毅作《焚书辩》，并以《求儆书》作为序言。双方如果仅仅在文字上进行辩论也未尝不可，问题是耿定向还勾结地方官，要驱逐李贽出境，这就有一点不择手段了。沈铁的《李卓吾传》讲了这件事的具体过程。

> 黄郡太守及兵宪王君亟榜逐之，谓黄有左道，诬民惑世。捕曹吏持载贽急，载贽入衡州，过武昌，则访公安袁六休、袁小休二兄弟（即袁宏道、袁中道）。二袁以语藩司荆州刘公东星，枢揭之，惊，语人曰：“是活佛再现耳！”延入会城，馆谷之。楚省翕然争拜门墙；高者乐其玄虚，可以略训诂；卑者乐其简便，可以忘拘检。

这中间有一个时间差，当时是二袁到龙湖看望李贽，临别时，李贽把他们送到武昌，他们在武昌才获悉李贽被诬以“左道惑众”，于是李贽有《与周友山书》：

> 不肖株守黄、麻一十二年矣，近日方得一览黄鹤之胜，尚未眺晴川，游九峰也，即蒙忧世者有左道惑众之逐。（具体是李贽与二袁一起游黄鹤楼时，有一群耿定向的门徒仿照子路为夫子逐恶声，前去攻击李贽左道惑众。）弟反覆思之，平生实未曾会得一人，不知所惑何人也。然左道之称，弟实不能逃焉。何也？孤居日久，善言罔闻，兼以衰朽，怖死念深，或恐犯此耳。不意忧世者乃肯垂大慈悲教我如此也！

这里所谓“忧世者”也就是指耿定向了，李贽在《与杨定见》的书信中，很明确指出这件事与耿定向有关。其云：

> 侗老（指耿定向）原是长者，但未免偏听。故一切饮食耿氏之门者，不欲侗老与我如初，犹朝夕在武昌倡为无根言语，本欲甚我之过，而不知反以彰我之名。恐此老不知，终始为此辈败坏，须速达此意于古愚兄弟（古愚即耿定向之长子耿克明）。不然，或生他变，而令侗老

坐受主使之名，为耿氏累甚不少也。小人之流不可密迩，自古若是，特恨此老不觉，恐至觉时，噬脐又无及。

李贽在另一篇《与杨定见》的信中，讲了关于争论的是非问题。他说：

世间是非纷然，人在是非场中，安能免也。于是非上加起买好远怨等事，此亦细人常态，不足怪也。古人以真情与人，卒至自陷者，不知多少，只有一笑为无事耳。

这本来是常态，你以真情待人，批评他人的不足，结果反招怨恨，这是常有的事。李贽继续说：

今彼讲是非，而我又与之讲是非，讲之不已，至于争辩。人之听者，反不以其初之讲是非者为可厌，而反厌彼争辩是非者矣。此事昭然，但迷在其中而不觉耳。

这话也有理，不看当初所言是非者孰是孰非，没有去分清是非，反而责怪参与争论者多事，有的人甚至表现得更过分。

既恶人讲是非矣，吾又自讲是非。讲之不已，至于争，争不已，至于失声，失声不已，至于为仇。失声则损气，多讲则损身，为仇则失亲，其不便宜甚矣。人生世间，一点便宜亦自不知求，岂得为智乎？

这个分析还是很深刻的，人家讨厌你说事情本来的是非，而你又滔滔不绝地讲，于是争论不休，变成失声的吵架，从而结下怨恨了，结果自己又损气损身，而且相互成了冤家，失了亲情，这不犯傻吗？这样是非不分，究竟好不好呢？这种情况见得也多了，我们都多少经历过。李贽与耿定向这番争论不就是如此发展到极端的吗？离开了是非讲个人恩怨，变成以怨恨相报成仇了。李贽《复麻城人书》称：

谓身在是之外则可，谓身在非之外即不可，盖皆是见得恐有非于我，而后不敢为耳。谓身在害之外则可，谓身在利之外即不可，盖皆是见得无所利于我，而后不肯为耳。如此说话，方为正当，非漫语矣。

在是非问题上，要使人不敢有非于我；在利害关系上，个人趋利避害是本能，这里他是不点名地批评耿定向。为人总应把是非放在第一位，不该把个人的利害放在第一位。李贽这些话把道理说得很深刻，没有任何个人意气在内，而且有普遍意义。

此时袁宏道带了李贽前往距离武昌二十里之洪山寺居住，二袁与刘用相早年曾经同学，于是通过刘用相向其父湖广左布政使刘东星推荐李贽。刘东星读了李贽的作品后，特地到洪山寺拜访他。刘东星《书道古录首》回忆了这段与李贽相处的过程，其云：

闻有李卓吾先生者，弃官与家，隐于龙湖。龙湖在麻城东，去会城稍远，予虽欲与之会面而不得。又闻有讥之者，予亦且信且疑之，然私心终以去官为难，去家尤难，必自有道存焉，欲会之心未始置也。会公安袁生今吴令者，与之偕游黄鹄矶（即黄鹤楼），而栖托于二十里外之洪山寺，予就而往见焉。然后知其果有道者，虽弃发盖有为也。嗟夫！此身若弃，又何有于家，何有于官乎？乃区区以形迹议之，以皮毛相之者，失之远矣。嗣后或迎养别院，或偃息宦邸，朝夕谈吐，始恨相识之晚云。儿相时亦在侧，闻其言若有默契者，一时吾乡赵新盘、王正吾参政楚藩，皆获见其面，李克庵时抚三楚，亦获读其书，三公者遂皆信之，以为真人矣。

不少人读了李贽的书以后，是非便很清楚了。刘东星邀请李贽前去讨论问题，李贽一定要刘东星派人去接他，李贽在《与刘晋川》的书信中说自己“不得不谨防其谤我者”，是怕耿定向的门徒借此诽谤。

万历二十年（1592年），李贽六十六岁，这一年的四月，刘东星升任都察院左佥都御史，巡抚保定，而梅国桢获准以监军前往宁夏平叛。这两个人都是同情与保护李贽的官员，对于李贽而言，有喜有忧，喜的是梅国桢有施展宏图的机会，忧的是刘东星要离开武昌，他失去了保护伞。刘东星离任时，李贽写信给他，表示惜别之情。李贽在信中说：

> 人生离别最苦，虽大慈氏亦以为八苦之一，况同志乎！惟有学出世法，无离无别，无爱无苦，乃可免也。故曰："吾知免夫。"尊翁兹转，甚当，但恐檀越远去，外护无依，不肖当为武昌鱼，任人脍炙矣。（《与刘晋川书》）

可见他对刘东星的升迁有喜有忧，忧的是自己"为武昌鱼，任人脍炙"，故而才有后面写给焦竑那封信，表示"今者当归何所欤！"李贽在《与焦漪园》中称：

> 弟今又居武昌矣。江汉之上，独自遨游，道之难行，已可知也；"归欤"之叹，岂得已耶！然老人无归，以朋友为归，不知今者当归何所欤！汉阳城中尚有论说到此者，若武昌则往来绝迹，而况谭学！写至此，一字一泪，

不知当向何人道，当与何人读，想当照旧薙发归山去矣！

从这封信可知，这次耿定向对他的打击是飞来横祸，使李贽想到今后何处是归宿，如何还能与朋友谈道讲学。“一字一泪，不知当向何人道”，那是很痛心的话。为什么那时李贽会感到如此孤独，有无家可归的感觉？因为武昌毕竟是耿定向众多门徒聚集的地方。

这一年五月，李贽在武昌大病一场，他在写给袁中道的《寄京友书》中说：

弟今秋苦痢，一疾几废矣。乃知有身是苦……今之学者不必言矣。中有最号真切者，犹终日皇皇计利避害，离实绝根，以宝重此大患之身，是尚得为学道人乎？《坡仙集》我有披削旁注在内，每开看便自欢喜，是我一件快心却疾之书，今已无底本矣，千万交付深有来还我！大凡我书皆为求以快乐自己，非为人也。

可见李贽以读书批注为乐，并以此疗疾。这一年秋天，周友山从北京寄来一篇疏稿，疏中有“且负知己”语，李贽为此写《与友山》一信，其中讲到“疏中且负知己四字，甚妙”，于是李贽借题发挥批评周友山，他说：

惟不负知己，故生杀不计，况毁誉荣辱得丧之小者哉！江陵，兄知己也，何忍负之以自取名耶？……士为知己死，死且甘焉，又何有于废弃欤！但此语只可对死江陵与活温陵道耳，持以语朝士，未有不笑我说谎者。今惟无江陵其人，故西夏叛卒至今负固，壮哉梅公之疏请也，莫谓秦遂无人也！

做人应该不负知己，古人如此，今人何尝不应如此，不能因世态炎凉而变脸。所谓同志，那应是互为知己的关系，在危难时刻怎能不挺身而出呢？怎能把个人的得失放在第一位呢？那还是同志吗？那样做连朋友也说不上。不负知己，亦是我一辈子为人的宗旨。张居正死后身败名裂，李贽尚且对周友山言“不负知己”。“不负知己”这一条做人的宗旨，可不能因生死而改变吧！这一点也是为人之伦理的底线。

五、关于李贽与耿定向争论的追溯

现在，我们应该回溯一下李贽与耿定向所争论问题的是非及其演绎过程。

当时人沈德符的《万历野获编》中也有一段文字论及李贽的生平，其中叙述李贽与耿定向争论的过程，在态度上亦稍微客观一些。其云：

> 温陵李卓吾，聪明盖代，议论间有过奇，然快谈雄辩，益人意智不少。秣陵焦弱侯、泌水刘晋川，皆推尊为圣人。流寓麻城，与余友邱长儒一见莫逆，因共彼中士女谈道，刻有《观音问》等书，忌者遂以帏箔疑之。然此老狷性如铁，不足污也。独与黄陂耿楚侗（定向）深仇，至詈为奸逆，则似稍过。壬寅曾抵郊外极乐寺，寻通州马诚所（经纶）侍御留寓于家。忽蜚语传京师，云卓吾著书丑诋四明相公（注：即当时内阁首辅沈一贯）。四明

恨甚，踪迹无所得，礼垣都谏张诚宇（明远）遂特疏劾之，逮下法司，亦未必欲遽置之死。李愤极自裁。马悔恨，亦病卒。

李贽对耿定向的尖锐批评和揭露，还是耿定向在万历十四年（1586年）《给李卓吾》第一书挑起的，同年李贽在麻城作《答耿司寇》二信，当时李贽六十岁。次年李贽在麻城又作《与耿司寇告别》，信中有这么一段话：

盖论好人极好相处，则乡愿为第一；论载道而承千圣绝学，则舍狂狷将何之乎？

这是指耿定向只能与“乡愿”也就是“德之贼”们相处，而李贽自己则是“狂狷”类人物，只能“告别矣”，对自己的去向则表示“仆则行游四方，效古人之求友”。耿定向收到这封告别信以后，曾回信《又与李卓吾》进一步教训李贽。李贽在《答耿司寇》一信中，表示“公不知何故而必欲教我，我亦不知何故而必欲求教于公”，实际上那就是绝交的一种表示。尽管他已离开黄安去了麻城，还是不忘在信中对耿定向之行事作尽情的揭露，其云：

试观公之行事，殊无甚异于人者。人尽如此，我亦如此，公亦如此。自朝至暮，自有知识以至今日，均之耕田而求食，买地而求种，架屋而求安，读书而求科第，居官而求尊显，博求风水以求福荫子孙。种种日用，皆为自己身家计虑，无一厘为人谋者。

这番话是讲耿定向日常之所思与所行之事，下面讲了耿定向所言之事，其云：

及乎开口谈学，便说尔为自己，我为他人；尔为自私，我欲利他；我怜东家之饥矣，又思西家之寒难可忍也；某等肯上门教人矣，是孔孟之志也；某等不肯会人，是自私自利之徒也；某行虽不谨，而肯与人为善；某等行虽端谨，而好以佛法害人。

这一段话是讲耿定向在讲学时，处处都在标榜自己，贬低别人，以圣人自居，处处都是为他人，为利他而言，如怜悯东家之饥、西家之寒，具体则指允许李贽上门教人，耿定向是出于孔孟之志，李贽行为不端，而耿定向却能与人为善。即使你没有不端之行，然而好以佛法害人，也是可恶。如此言与行，两副截然不同的面孔。李贽的结论为：

以此而观，所讲者未必公之所行，所行者又公之所不讲，其与言顾行、行顾言何异乎？以是谓为孔圣之训可乎？翻思此等，反不如市井小夫，身履是事，口便说是事，作生意者但说生意，力田作者但说力田，凿凿有味，真有德之言，令人听之忘厌倦矣。

这一大段话比较彻底地揭露耿定向辈言行不一、伪君子之真面目，而这种情况，也确实是当时官僚士大夫中比较普遍的现象。那么把这样的信件，通过刊刻在《焚书》中广为传播以后，自然会引起下层士大夫不满现状者的共鸣，但也因此得罪了一大批与耿定向有往来的在位者。李贽指责耿定向之类口口声声地仰慕朱熹的“继往开来一段血诚”，实际上他知道世人之念为俗念，“又欲时时盖覆，只单显出继往开来不容已本心以示于人。分明贪高位厚禄之足以尊显也，三品二品之足以褒宠父祖二亲也；此公之真不容已处也，是正念也。却又回护之曰：‘我为尧舜君民而出也，吾以先知先觉自任而出也。’是又欲尽覆此欲也，非公不容已之真本心也。”李贽还在此信中说：“公为大官耳，学问岂因大官长乎？学问如因大官长，则孔孟当不敢开口矣。”李贽还指责耿定向不能继东廓先生（邹守益）之为人，“公继东廓先生，终不得也。何也？名心太重也，回护太多也。（这些话是指耿定向对不起何心隐，耿与张居正有旧，不敢向张提及何心隐之事，未能解救何心隐之死。）实多恶也，而专谈志仁无恶；实偏私所好也，而专谈泛爱博爱；实执定己见也，而专谈不可自是。”耿定向读到这样一封信，对李贽当然也抱刻骨仇恨的心理，势必会想尽办法予以报复。

耿定向也在给朋友的信中散布谣言中伤李贽。周柳塘既是耿定向的朋友，也是李贽的朋友，《焚书》中有李贽写给周柳塘的几封信，从中可知耿定向在万历十六年（1588年）二月由南京回黄安，并写信给周柳塘，借造谣攻击李贽。周柳塘在给李贽的信中，说了耿定向来信的情况，李贽在《答周柳塘》之书信中，便引周信所言之事以作答辩。今略举所言之一二事：

> 耿老与周书云，往见说卓吾狎妓事，其书尚存，而顷书来，乃谓弟不能参会卓吾禅机。昔颜山农于讲学会中忽起就地打滚，曰：“试看我良知！”士友至今传为笑柄。卓吾种种作用，无非打滚意也，第惜其发之无当，机锋不妙耳。

机锋是佛教禅宗问答时，迅疾、含蓄而具有深意之语言，耿定向在这里是嘲笑李贽，只是故弄玄虚糊弄人罢了，下面耿定向举了两个例子。

卓吾曾强其弟狎妓，此亦禅机也。……

卓吾曾率众僧入一嫠妇之室乞斋，卒令此妇冒帷簿之羞，士绅多憾之，此亦禅机也。夫子见南子是也，南子闻车声而知伯玉之贤，必其人可与言者。卓吾蔑视吾党无能解会其意，故求之妇人之中。……此机锋又发不当矣。

李贽在信中讲自己以慎独为宗旨，没有什么不可告人的事。他说：

故《大学》屡言慎独则毋自欺，毋自欺则能自慊，能自慊则能诚意，能诚意则出鬼门关矣。人鬼之分，实在于此，故我终不敢掩世俗之所谓丑者，而自沉于鬼窟之下也。使倜老（指耿定向）而知此意，决不忍为我粉饰遮护至此矣。（《焚书》卷一《答周柳塘》）

关于机锋，李贽认为也不是如耿定向所言。他说：

中间所云“禅机”，亦大非是。夫祖师于四方学者初入门时，未辩深浅，顾以片言单词，或棒或喝试之，所谓探水竿也。学者不知，粘著竿头，不肯舍放，即以一棒趁出，如微有生意，然后略示鞭影，而虚实分矣。后学不知，指为机锋，已自可笑。况我则皆真正行事，非禅也；自取快乐，非机也。

这就从根本上否定了耿定向关于禅机的说辞了。要说禅机，最典型的案例出自《五灯会元》。禅宗五祖传授衣钵时，神秀与慧能壁书之偈语才是机锋的典型。神秀的偈语：

身是菩提树，心如明镜台。时时勤拂拭，莫使惹尘埃。

慧能口述，并托人书于壁上的偈语：

菩提本无树，明镜亦非台。本来无一物，何处惹尘埃。

五祖弘忍法师认为神秀的偈语，“后代依此修行，亦得胜果”，然慧能胜于神秀。神秀当时是七百余僧之上座，是众望所归，慧能只是碓房中昼夜不息服劳役于杵臼之间且不识字的一个普通劳动者，为什么弘忍法师选择慧能而不选择神秀呢？因为慧能的偈语说了“自心是佛”的道理，王守仁的致良知之说，与禅宗“自心是佛”的道理是相通的。从修行觉悟的角度讲，神秀是渐悟，慧能则是顿悟，取决于他的出身和基本观念。《五灯会元》中神秀与慧能的故事告诉我们，作为一个共产党人，要有劳动的生活，要有坚定的立场和世界观，也要不断学习和提高自己的觉悟，可以说这也是一种禅机。要理解这一点，并且做到不断地磨炼自己，才能达到新的为人境界。如像耿定向那样讲禅机，那就根本没有摸到边了。李贽在《续焚书》中有一篇短文，题目为《重刻五灯会元序》。我读《藏书》时，第三十九卷儒学词臣类有柳宗元传，传末有李生曰：“柳宗元文章识见议论，不与唐人班行者，《封建论》卓且绝矣。”毛泽东也同样爱读柳宗元的《封建论》。毛泽东晚年喜好之古文篇目中，往往有李贽的影子。当然，毛泽东虽然爱好李贽的作品，但还是有选择、有分析的。也许读一点李贽的作品，有助于我们了解毛泽东如何读书、如何思考，这里我只是举例而已，并非全部。

李贽谈的另一件关于嫠妇（所谓嫠妇，即寡妇也）的事，其云：

> 至于嫠妇，则兄所素知也。自我入邑中来，遣家属后，彼氏时时送茶馈果，供奉肉身菩萨，极其虔恪矣。我初不问，惟有等视十方诸供佛者，但有接而无答也。后因事闻县中，言语颇杂，我亦怪之，叱去不受彼供，此又邑中诸友所知也。然我心终有一点疑，以为其人既誓不嫁二宗，虽强亦誓不许，专心供佛，希图来报，如此诚笃，何缘更有如此传闻事，故与大众共一访之耳。

此氏有嗣子三十余岁，请主陪客，自有主人，既一访问，乃知孤寡无聊，真实受人欺吓也。其氏年已不称天之外矣，老年嫠身，系秣陵人氏，亲属无堪倚者，子女俱无，其情何如！流言止于智者，故余更不信而反怜之耳。此又与学道何与乎？念我入麻城以来，三年所矣，除相爱数人外，谁肯以升合见遗者？氏既初终如一，敬礼不废，我自报德而重念之，有冤必代雪，有屈必代伸，亦其情然者，亦何禅机之有，而以见南子事相证也？大抵我一世俗庸众人心肠耳，虽孔夫子亦庸众人类也。人皆见南子，吾亦可以见南子，何禅而何机乎？（《焚书》卷一《答周柳塘》）

从这一段表白可以知道，关于嫠妇之言，耿定向实以小人之心度君子之腹，在这一点上，李贽为人还是坦荡荡的。什么“卓吾曾率众僧入一嫠妇之室乞斋”，那都是故意中伤罢了。

最后一个问题是关于颜山农就地打滚的事，颜山农即颜钧，山农是其号，为泰州学派王艮门下。黄宗羲在《明儒学案》之《泰州学案》讲到其核心思想，“性如明珠，原无尘染，有何睹闻，著何戒惧。平时只是率性所行，纯任自然便谓之道”。至于山农“就地打滚”的事，李贽说：

> 所云山农打滚事，则浅学未曾闻之。若果有之，则山农自得良知真趣，自打而自滚之，何与诸人事，而又以为禅机也？夫世间打滚人何限，日夜无休时，大庭广众之中，谄事权贵人以保一日之荣。暗室屋漏之内，为奴颜婢膝事以幸一时之宠。无人不然，无时不然，无一刻不打滚，而独山农一打滚便为笑柄也！侗老恐人效之，便日日滚将去。余谓山农亦一时打滚，向后绝不闻有道山农滚者，则虽山农亦不能终身滚，而况他人乎？……然此亦自山农自得处耳，与禅机总不相干也。

耿定向的门人焦竑曾说：“吾师天台先生倡道东南，海内士云附影从。”耿定向曾督学南京，以继往开来为己任，指责李贽称：“卓吾之学，只图自了，任其纵横可也。”对于朱熹，耿定向是抱着景仰的态度。他说：“试看前辈名公巨卿，其德业闻望为世重轻者，孰非遵信其言论者哉？有不遵其言论格式者，即不似人，更何言道。”（《与管登之》之一）“近世但是谈学者，都知驳刺朱子即物穷理之说之为支矣，今考其青天白日之履，泰山乔岳之气，继往开来之心，如此豪杰，顾曾见几人哉？”（《与涂黄冈》之三）这里“即不似人，更何言道”，是指李贽的话，在耿定向与李贽之间，《明史·耿定向传》的判断是：“贽小有才，机辨，定向不能胜也。”

李贽为何要为颜山农辩解？因颜山农属于泰州学派的左翼，李贽自己也归宗于这一学派。从李贽作品中，可以感觉到泰州学派左翼对李贽有直接影响的还有罗汝芳与何心隐二人，而罗汝芳是颜山农的弟子。罗汝芳对李贽有影响的是他以“赤子之心”讲良知良能，“赤子之心”这个概念还是孟子在《离娄章句下》说的：“大人者不失其赤子之心者也。”那么《大学》讲的正心诚意的功夫，说到底就是不失其赤子之心。罗汝芳的著作有《近溪子文集》，《明儒学案·泰州学案》亦介绍其思想：“天初生我，只是个赤子。赤子之心，浑然天理，细看其知不必虑，能不必学，果然与莫之为而为，莫之致而至。”在罗汝芳与其学生的对话中，罗汝芳说过这么两句话：“出生既是赤子，难说今日此身不是赤子长成。”还说：“其端只在能自信从，其机则始于善自觉悟。”“觉悟”这个概念是共产党人之流行词，所觉所悟该是人们当年的“赤子之心”。这一点，也正是最能打动李贽的地方。

六、李贽与耿定向的和解

万历二十二年（1594年），李贽六十八岁，他仍然在麻城的芝佛院，这是他自武昌回到龙湖的第二个年头，这一次耿定向与李贽的矛盾，仍是耿定向挑起的。焦竑在南京刻印了李贽的《藏书》，最后一篇是《冯道传》，李贽在这篇传的最后写了一段评语，其云：

> 卓吾曰：冯道自谓长乐老子，盖真长乐老子者也。孟子曰："社稷为重，君为轻。"信斯言也，道知之矣。夫社者，所以安民也。稷者，所以养民也，民得安养而后君臣之责始塞。君不能安养斯民，而后臣独为之安养斯民，而后冯道之责始尽。今观五季相禅，潜移嘿夺，纵有兵革，不闻争城，五十年间，虽经历四姓，事一十二君，并耶律契丹等，而百姓卒免锋镝之苦者，道务安养之之力也。谯周之见，亦犹是也。呜呼！观于谯

周仇国之论，而知后世人士，皆不知以安社稷为悦者矣。然亦必有刘禅之昏庸，五季之沦陷，东汉诸帝之幼冲，党锢诸贤之互为标帜乃可。不然，未可以是而藉口也。

李贽这个话还是有道理的，君臣之间的相互关系是相对的，不是单方面无条件的。孔子也说："君使臣以礼，臣事君以忠。"五伦都是相对的，君臣、父子、夫妇、兄弟、朋友之间的相互关系都是相对应的。董仲舒讲纲常关系，才成为单方面的伦理要求。冯道身处乱世，其地位与作用与当时的形势分不开，当社会稳定时，冯道便成为反面的角色，亦是各个时代的需求。明清之际，降清之臣洪承畴，在局势未稳定时，清廷还是依靠他重用他，一旦局势稳定下来，他便入贰臣传了。李贽对冯道还是有分析的，不是无条件否定他的一切。在耿定向看来，这就无法容忍了，他在《又与焦弱侯》的信中称："南中诸子传某某赞冯道为有道，惟昔苏子由援管晏恕之，已为邪说，乃至以为有道，何乱道亦至此耶？"故斥之为"拂经乱道"，"实邪慝之极也！"当时耿定向有好几封信，攻击李贽《藏书》中的观念。

事态继续发展，就不仅仅是双方思想观念存在分歧的问题了，在麻城又掀起一场驱赶李贽的风暴。十二月间，有原任广东参议史旌贤调任湖广佥事，兼任湖北分巡道，他与耿定力是故交，在京时曾以门生礼拜见耿定向。此人途经麻城时，向当地人说了一些威胁李贽的话，称“若不去，当以法治之”。李贽在《答来书》中讲了这件事。

> 来书云：“昨巡道史临县，即对士大夫说：‘李卓吾去否？此人大坏风化，若不去，当以法治之。’”又一书云：“今日所闻比前日所言更多，非纸笔能悉。但知史道与耿叔台极厚，当初做知县时，受叔台莫大之恩，到京以叔台故，拜天台执门生礼。今日又从黄安看叔台、天台而来，即对众说此话。以故，乡士夫等皆信此说。”

这件事在麻城当然会引起轰动，实际上史巡道也只是嘴上说说而已，并未付诸行动，而传闻一广，当然引起李贽及其朋友的注意。当时有周二鲁者写信问耿定力有没有这回事，于是耿定力回信解释此事，他并无让史巡道驱赶李贽的意思，周二鲁把这封信转给李贽，耿定力信中称：

> 龙湖伽蓝可表，他先与耿（定向）有隙之时，京中人为耿一边者，我百计调护卓老；为卓老一边者，我百计调护侗老，为他费了多少心力，今日乃遭此。随他打我骂我，我只受而不报。（《续焚书》卷一《答来书》）

这场风波看起来是耿定向随口说了几句，而史巡道当作一回事，才在麻城讲那一番话，传到李贽耳中，李贽自然当真。那时耿定力让耿克念写信给李贽，请他到黄安一叙，李贽回信给耿克念，其中称：

> 前书悉达矣，嫌疑之际，是以不敢往，虽逆尊命，不敢辞。幸告叔台与天台恕我是感！窃谓史道欲以法治我则可，欲以此吓我他去则不可。夫有罪之人，坏法乱治，案法而究，诛之可也，我若告饶，即不成李卓老矣。若吓之去，是以坏法之人而移之使毒害于他方也，则其不仁甚矣！他方之人士与麻城奚择焉？故我可杀不可去，我头可断而我身不可辱，是为的论，非难明者。(《续焚书》卷一《与耿克念》)

李贽在《与马伯时》一信中，又讲了这件事，其在信中云：

> 外人言语难信，昨史道只对邓东里一问耳，虽有问，不甚重也，而好事者添捏至于不可言。何足道！何足道！但恐我辈自处实有未是，则自作之孽将安所逃乎？今唯有学佛是真学佛，做人是真做人便了。若犯死祸，我自出头当之，不敢避也。我此一等与世上人真不同，设有

一点欺心罪过，愧死久矣，不待他人加一言也，况加以法耶！故我一生只是以法自律，复依律以治百姓，是自律最严者莫我若也。但自律虽严，而律百姓甚宽。今自律之严已七十载矣，环视大地众生，再无有一人能如我者矣，谁敢不以律处我而妄意逐我耶？朝廷之法：死有死律，军有军律，边远充军有边远充军律，口外为民有口外为民律。非军非民，只是递解回籍，则有递解回籍律；年老收赎则又有收赎律。我今只知恭奉朝廷法律也。要如律，我乃听。如律必须奏上请旨，虽有司道官，不请旨而敢自擅天子之权乎？

万历二十四年（1596年），这一年李贽七十岁了，在正月间，芝佛院有僧若无想离开龙湖远游，其寡母张氏来信劝阻，语言真切动人。为此，李贽写了《读若无母寄书》，信中先引若无母之言，其云：

若无母书云："我一年老一年，八岁守你，你既舍我出家也罢，而今又要远去。你师当日出家，亦待终了父母，才出家去。你今要远去，等我死了还不迟。"若无答云："近处住一毫也不曾替得母亲。"母云："三病两痛自是方便，我自不欠挂你，你也安心，亦不欠挂我。两不欠挂，彼此俱安。安处就是静处，如何只要远去以求静耶？况秦苏哥从买寺与你以来，待你亦不薄，你想道情，我想世情。世情过得，就是道情。莫说我年老，就你二小孩子亦当看顾他。你师昔日出家，遇荒年也顾儿子，必是他心打不过，才如此做。设使不顾，使他流落不肖，为人耻笑。当此之时，你要修静，果动心耶，不动心耶？若不动心，未有此理；若要动心，又怕人笑，又只隐忍过日。似此不管而不动心，与今管他而动心，孰真孰假，孰优孰劣？如此看来，今时管他，迹若动心，然中心安安妥妥，却是不动心；若不管他，迹若不动，然中心隐隐痛痛，却是动心。你试密查你心：安得他好，就是常住，就是金刚。如何只听人言？只听人言，不查人心，就是被境转了。被境转了，就是你不会安心处。"

若无母亲这一大段心理分析，既深刻细致，又入情入理。信中所言其师即李贽出家前的情况，所以这封信打动了李贽。李贽在文中称：

卓吾子读而感曰：恭喜家有圣母，膝下有真佛。夙夜有心师，所失皆海潮音（指观音座下之海浪潮音，为大慈大悲的象征），所命皆心髓至言，颠扑不可破。……言出至情，自然刺心，自然动人，自然令人痛哭，想若无必然与我同也，未有闻母此言而不痛哭者也。

耿定向读了李贽这一篇短文以后，写了《读李卓吾与王僧若无书》，其中称："母之念子，子之依母，直此本心，圣凡同也。"又云：

比吾党见张媪书，大都漠然无味矣，乃李卓吾闻之，便赞叹如是，惟卓吾生平割恩爱，弃世纷，今年至七旬矣，乃能反本如是。若予今乃弥留待尽之日，所谓人穷反本者以此，闻卓吾赞叹张媪言，亦大生欢喜如是也。盖即其欣赏张媪言如是，便知其持学已归宗本心矣，学知反求本心，更何说哉！

从耿定向赞赏李贽的这篇短文看，其在文中称自己处于弥留待尽之日，与李贽的这段恩怨，也应该作一个了结了。他的儿子去请李贽访黄安，也即是出于这样的心态。当李贽获悉耿定向病情，就主动去黄安看望耿定向了，耿定向这篇短文是见了李贽以后写的，真诚地表示自己希望与之和好的愿望。

耿定向抱病卧床两年，在黄安城东建庵，供观音大士像，最初其子耿克念写信邀请李贽前去黄安，李贽是拒绝的，其中称："若要我求庇于人，虽死不为也。”（《续焚书》卷一《与耿克念》）上一年的十一二月间，李贽获悉耿定向病重，这才前往黄安见耿定向，二人和解。这时耿定向已病得奄奄一息了，李贽也想到在耿定向去世之前能让他安下心来。耿定向是在万历二十四年（1596年）六月二十一日去世的，享年七十三岁。李贽赶写了《耿楚倥先生传》，讲了他与耿家相交始末，并叙述了他与耿定向和解的过程。其云：

> 今幸天诱我衷，使余舍去“未发之中”，而天台亦遂顿忘“人伦之至”。乃知学问之道，两相舍则两相从，两相守则两相病，势固然也。两舍则两忘，两忘则浑然一体，无复事矣。余是以不避老，不畏寒，直走黄安会天台于山中。天台闻余至，亦遂喜之若狂。志同道合，岂偶然耶！然使楚倥先生而在，则片言可以折狱，一言可以回天，又何至苦余十有余年，彼此不化而后乃觉耶！设使未十年而余遂死，余终可以不化耶，余终可以不与天台合耶！故至次日，遂同其子汝念往拜先生之墓，而先生之墓木拱矣。余既痛九原之不可作，故特为此传，而连书三纸以贻之：第一纸以呈天台，志余喜也。第二纸付汝念、汝思，使告而焚之先生之坟，志余恨也。第三纸特寄子健于京，志余喜而且恨，恨而又喜也，盖子

> 健推爱兄之心以及我，可谓无所不至矣。故为传，传余意以告先生云。

从这篇传的后半段可知，李贽与耿定向之间的和解是真诚的，不仅让耿定向在生前看到，还在去世的耿定理墓前表示此意，而且由耿定理之子耿汝念专程将这封信送至南京向周思教报喜，称：“两先生已聚首，语甚欢契。”周思教为之作跋语，其中云：

> 越三日，则为十二月二十九，余初度辰也，得卓吾先生寄所著《楚倥先生传》，述两先生契合本末且悉。余读之，不觉泪下曰：“两先生大而化矣，乃适以今日至，岂非余更生辰耶，抑楚倥先生复作也！”因手书而梓之，板成，以付汝念及余婿汝思。

李贽最后完成与耿定向和好这件事，还是富有人情味的，人之将死，又何所求呢？李贽这篇《耿楚倥先生传》之所以被抄写成三份，是让死者安心，让将死的耿定向安心，让朋友们也放心。大家虽然有纷争，但毕竟是君子之交嘛，把纷争的分歧和过程，以及如何和解，全都说清楚了。从耿定向与李贽之间的关系看，古人朋友之间的相处还是非常认真的，许多纠纷往往是小人从中捣鬼，把问题搞复杂了。

接下来，李贽作《八物》，起首论君子与小人之别，其云：

尝谓君子无怨，唯小人有之；君子有德必报德，而小人无之。夫君子非无怨也，不报怨也；非不报怨也，以直报怨也。苟其人可恶而可去，则报之以可恶可去之道焉；苟其人可好而可用，则报之以可好可用之道焉。其恶而去之也，好而用之也，直也，合天下之公是也。

又言：

若小人非不报德也，可报则报，不可报则亦已而勿报，顾他日所值何如耳。苟祸患及身，则百计推托，逃避无影矣，虽有德，将安知乎？唯有报怨一念，则终始不替。然苟势盛于我，财多于我，我又可藉之以行立，则怨反为德，又其常也。盖十百千万咸如斯也。此君子小人界限之所以判也。故观君子小人者，唯观其报怨报德之间而已。

李贽如此细致地分析君子与小人在报德与报怨之间的区别，实际上是把孔子所言“君子聚于义，小人聚于利”这条原则更加具体化。人与人之间相交，君子与小人的区划界限大体就是如此，在这一点上古今还是相通的。古人有言，物以类聚，人以群分，君子与小人亦以群分。当然，看人要从大处着眼，君子亦难免有小心眼的地方，即使是小人，在他那个群体内，亦还可能有君子的风度，否则的话，他们又何以抱团结伙。如青红帮所以成帮，那些头儿还得讲一点兄弟义气。而在君子周围，亦难免有小人在身边，一旦出现世态炎凉的变化，立即可见分晓了。为什么？因为利益关系的形势发生变化了。司马迁在《史记·汲郑列传》之末有一段太史公曰，其云：

> 夫以汲、郑之贤，有势则宾客十倍，无势则否，况众人乎！下邽翟公有言，始翟公为廷尉，宾客阗门；及废，门外可设雀罗。翟公复为廷尉，宾客欲往，翟公乃大署其门曰："一死一生，乃知交情。一贫一富，乃知交态。一贵一贱，交情乃见。"汲、郑亦云，悲夫！

大起大落时，这个区分更为鲜明。君子与小人的区分不在财，而在德，以利害来相交的便要谨慎了。一个人对于知己者不应因生死而变化，有时迫于形势难以置口，但心中是明白的。不忘故旧，可是中国为人的好传统啊！

七、李贽的“童心说”

万历六年（1578年），李贽五十二岁，他在滇中姚安知府任上作《卓吾论略》，回忆其少年时的生活。其云：

> 居士生大明嘉靖丁亥（嘉靖六年，公元1527年）之岁，时维阳月（即逢单之月），得全数焉。生而母太宜人徐氏没，幼而孤，莫知所长。长七岁，随父白斋公读书歌诗，习礼文。年十二，试《老农老圃论》。居士曰：“吾时已知樊迟之问，在荷蒉丈人间。然而上大人丘乙已不忍也，故曰‘小人哉，樊须也’，则可知矣。”论成，遂为同学所称。

樊迟问稼的故事，出于《论语》，《史记·孔子世家》亦载。《论语·子路》：

樊迟请学稼。子曰："吾不如老农。"请学为圃。曰："吾不如老圃。"樊迟出。子曰："小人哉，樊须也！"

关于荷蓧丈人，见于《史记·孔子世家》：

他日，子路行，遇荷蓧丈人，曰："子见夫子乎？"丈人曰："四体不勤，五谷不分，孰为夫子？"植其杖而芸。

丘乙己者，孔子也。孔子生而首上圩顶，因名曰孔丘。李贽这篇文章讲的是大实话，樊迟所问，孔子所答，恰恰证实了荷蓧丈人所言孔子为"四体不勤，五谷不分"之脱离生产劳动的知识分子形象。其实士大夫之"士"的原始含义是劳动者。甲骨文"士"作"丄"，"一"象地，"丨"象苗插入地中之形，故"士"的原始意义是从事农作的劳动者。有城郭，士才成为武士，居于国中，有统驭平民、保卫城郭的职务，慢慢才成为文化人。儒侠有了分工，儒成为中低级贵族，是官僚机构的后备队伍，于是才有正心、诚意、齐家、治国、平天下的重任。而李贽这篇文章对孔圣人有一点大不敬了，但其所言，则是有根有据，说的是大实话。

李贽有一篇文章，题目便叫《童心说》，文章的开头即言："龙洞山农叙《西厢》，末语云：'知者勿谓我尚有童心可也。'"这龙洞山农便是颜山农。下面是李贽的一番议论："夫童心者，真心也；若以童心为不可，是以真心为不可也。夫童心者，绝假纯真，最初一念之本心也。若夫失却童心，便失却真心；失却真心，便失却真人。人而非真，全不复有初矣。”这个童心，说到底也就是罗汝芳强调的赤子之心。我们现在强调“不忘初心”，这个初心，对共产党人而言，是不忘入党时的誓言，为人民服务，为共产主义奋斗终生。这个不忘初心，亦还要保持童心，即纯真而绝伪，不是言行不一的伪君子，所以讲一点赤子之心还是必要的。李贽与耿定向争论之焦点，是耿定向之伪，说的和想的、做的是两回事。李贽十二岁写的那篇作文《老农老圃论》，所本者亦童心也。中国有一句老话“童言无忌”，为什么无忌，一是因其为童子，二是其所讲为真话，或称之为大实话，是实话实说之真人说真话也。耿定向那样权势在握的士大夫，怎能不说假话呢？这便是李贽与耿定向辈在思想上分野的一条心理界线。

李贽以卓吾为号，他为什么用“卓吾”二字为其号呢？那时他刚过五十岁，但还有那么天真无邪的心态，其云：

> 居士自称曰卓，载在仕籍者曰笃，虽其乡之人，亦或言笃，或言卓，不一也。居士曰：“卓与笃，吾土音一也，故乡人不辨而两称之。”（《卓吾论略》）

卓者，卓越，超乎常人。笃者，忠于事实本身，求真也。

这反映李贽一生作文行事以求真、保持童心为其宗旨。

从赤子之心出发，那么任何人在他出生时，都有一颗赤子之心，在追求赤子之心、保持童心这一点上，人与人之间的身份关系是平等的。泰州学派的罗汝芳到南方各地讲学时，各色人等都能参加，“至若牧童樵竖，钓老渔翁，市井少年，公门将健，行商坐贾，织妇耕夫，窃屦名儒，衣冠大盗，此但心至则受，不问所由也。况夫布衣韦带，水宿岩栖，白面书生，青衿子弟，黄冠白羽，缁衣大士，缙绅先生，象笏朱履者哉。是以车辙所至，奔走逢迎，先生抵掌其间，坐而谈笑， 人望其丰采，士乐简易，解带披襟，八风时至”（《罗近溪先生告文》）。这样的讲学也就平民化、自由化了，没有什么身份的限制，所体现的是一种“泛爱容众，真平等也”（《罗近溪先生告文》）。这样的一种讲学风气是平民化的，也就是平等精神的体现。

八、李贽论何心隐

李贽所景仰的除了罗汝芳之外，还有王畿，人称龙溪先生。李贽在罗汝芳去世时为其写告文，亦在王畿去世时为其写告文，告文中称：“故同舟而遇风，则胡、越必相救，不自知其丧身而失命也。”（《王龙溪先生告文》）这就是舍己而为人之心，即使是胡越不同，但赤子之心是相通的。故李贽称：“此予小子所以一面先生而遂信其为非常人也。”（《王龙溪先生告文》）说自己“虽生也晚，居非近，其所以凝眸而注神，倾心而悚听者，独先生尔矣。今先生既没矣，予小子将何所仰乎！”（《王龙溪先生告文》）在与罗汝芳、王畿二人相往还的成员中，有道士僧人。

李贽倾心的另一个泰州学派的思想家是何心隐，他还写了一篇《何心隐论》。何心隐本名梁汝元，是颜钧的学生。李贽在这篇文章中讲到何心隐与常人异者：“凡世之人靡不自厚其生，公独不肯治生。公家世饶财者也，公独弃置不事，而直欲与一世贤圣共生于天地之间。”还说：“孔子之道，其难在以天下为家而不有其家，以群贤为命而不以田宅为命。”“公既独为其难者，则其首出于人者以是，其首见怒于人者亦以是矣。”“人伦有五，公舍其四，而独置身于师友贤圣之间。”换一句话说，五伦在他只留下朋友一伦，“同志”这一概念便由此而起。何心隐是江西吉安府永丰人，自幼“颖异拔群”，参加江西省试得第一名，但他放弃科考，不沿着科举道路走下去。何心隐师从颜钧，强调率性自然，反对理学“存天理，灭人欲”之说，认为灭欲是不可能的，做到的只能是“寡欲”。他说：“欲生，欲义，欲也。舍生而取义，欲之寡也。”“欲仁，非欲乎？得仁而不贪，非寡欲乎？欲不逾矩，非寡欲乎？”（《何心隐集》卷二《辨无欲》）他到过黄安，也是耿定向的朋友，也曾游学于京师，耿定向记载何心隐在北京讲学时，“从之游者诸方技及无赖游食者咸集焉”。为此耿定向表示过不满，何心隐对耿定向的回答是：“万物皆备于我，我何择焉！”从耿定向这个话中可以看到，何心隐讲学的场面是平民化的。正是这一点引起执政者的不满，结果被张居正视为“时时欲飞，却飞不起之人”。颜钧在家乡讲学时，曾在自传中讲到，其在家乡成立过宗族性的萃和会，“会及半月，一乡老壮男妇，各生感激”；“会及一月，士农工商皆日出而作业，晚皆聚宿会堂，联榻究竟。会及两月，老者八九十岁，牧童十二三岁，各透心性灵窍，信口各自吟哦，为诗为歌，为颂为赞”。实际上把农民组织起来的事古已有之，比如通过宗法关系把农民组织起来，发生战乱和灾荒而不得不流亡迁徙时，也有组织。南北朝时，在北方便有大量堡坞壁垒的组织，既为了保卫自己，也是共同生产的需要。互助合作本来是农民本能的要求，合作化运动不过是把他们有目的地组织起来，其成败关键在于领导者的能力和水平。何心隐受颜钧萃和堂的影响，也在他家族内组织了萃和堂，负责教、养、婚丧和统一纳税，而地方政府有赋外加派，遭到何心隐的拒绝。何心隐还反对拆毁近城内外民居以防战乱的策略，所以与地方政府发生冲突，因而受到地方政府的打击。湖广巡抚陈瑞在搜检何心隐的往来信札时，写信给耿定向说："初不知为志学人也。"（《耿天台文集》卷十六《里中三异人传》）杖死何心隐的则是陈瑞的后一任湖广巡抚王之垣，经办此案的陈瑞写信给耿定向，说明见死不救的不是别人，正是耿定向。为什么？怕得罪张居正与李义河。李贽在《答邓明府》一信中，称：

> 何公死，不关江陵（即张居正）事。江陵为司业时，何公只与朋辈同往一会言耳。言虽不中，而杀之之心无有也。及何公出而（江陵）独向朋辈道"此人有欲飞不得"之云，盖直不满之耳。……偶攻江陵者，首吉安人。江陵遂怨吉安，日与吉安缙绅为仇。然亦未尝仇何公者，以何公不足仇也。……至是欲承奉江陵者，憾无有缘，闻是，谁不甘心何公者乎？杀一布衣，本无难事，而可

以取快江陵之胸腹，则又何惮而不敢为也？故巡抚缉访之于前，而继者踵其步。方其缉解至湖广也，湖广密进揭帖于江陵。江陵曰：“此事何须来问，轻则决罚，重则发遣而已矣。”及差人出阁门，应城李义河遂授以意曰：“此江陵本意也，特不欲自发之耳。”……应城于何公，素有论学之忤，其杀人之心自有。

关于此事，耿定向的堂弟耿定力另有一说：

嘉靖庚申（三十九年，1560年），张江陵官少司成，先恭简（即耿定向）官御史，巡视东城，尝约会僧舍中。不佞甫冠，日侍恭简，闻其奇江陵而又奇心隐也。乘会日，偕心隐突入座，心隐、恭简南面，江陵北面，大兴令吴哲与予西隅坐。恭简故令两公相评品。江陵谓心隐：“时时欲飞，第飞不起耳。”心隐气少平，谓江陵：“居太学，当知《大学》之道云。”心隐退而抚膺高蹈，谓予兄弟曰：“此人必当国，杀我者必此人也。”越隆庆辛未（五年，1571年），不佞举进士，出江陵门，江陵语及心隐曰：“汝兄最称其人，然在我坐，不能出片语。”睹江陵色辞，未尝相忌相仇也。迨岁乙卯（万历七年，1579年）心隐蒙难，衅由王夷陵（即湖光巡抚王之垣），非江陵意也。

夷陵南操江时，孝感程二蒲以维扬兵备，直言相忤。夷陵衔之，二蒲尝父事心隐，遂借心隐以中二蒲，而朝野舆论咸谓出江陵意，立毙杖下，竟践心隐当国杀我之言。夷陵实江陵罪人矣。李氏《焚书》谓由李应城意，则传者之误也。（见《何心隐集》附录）

这也是当事人的一种说法，但何心隐之死固然非因张居正，而耿定向未予以援救亦是事实。要知道耿定向与张居正及李义河皆有旧，此时可言而不言。黄宗羲《明儒学案》卷三十五《恭简耿天台先生定向》云："卓吾之所以恨先生者，何心隐之狱，唯先生与江陵厚善，且主杀心隐之李义河，又先生讲学友也。斯时救之固不难，先生不敢沾手，恐以此犯江陵不说学之忌。"耿定向只泛泛地向湖广巡抚王之垣请贷其死，不敢通过李义河为何心隐施一援手，故李贽感叹地说："嗟夫！朋友之道绝久矣！""不避恶名以救同类之急，公其能此乎？"（《答耿司寇》）李贽还在文中说："何公布衣之杰也，故有杀身之祸；江陵宰相之杰也，故有身后之辱。不论其败而论其成，不追其迹而原其心，不责其过而赏其功，则二老者皆吾师也。"（《答邓明府》）他这个话是公平的，但在当时的在位者看来，却非常不合时宜。泰州学派讲学的平民化，自然会成为执政者打击的对象，这也暴露了道学家们凶残的面目，他们是借手杀人，是幕后的真正凶手。

尽管对何心隐，李贽“未尝亲睹其仪容，面听其绪论”，但李贽的《何心隐论》是痛心疾首地为何心隐之死抱不平的。其云：

> 所谓死有重于泰山者是也，未闻有为道而死者。道本无名，何以死为？公今已死矣，吾恐一死而遂湮灭无闻也。今观其时，武昌上下，人几数万，无一人识公者，无不知公之为冤也。方其揭榜通衢，列公罪状，聚而观者咸指其诬，至有嘘呼叱咤不欲观焉者，则当日之人心可知矣。由祁门而江西，又由江西而南安而湖广，沿途三千余里，其不识公之面而知公之心者，三千余里皆然也。盖惟得罪于张相者，有所憾于张相而云然，虽其深相信以为大有功于社稷者，亦犹然以此举为非是（指湖广巡抚陈端，曾具体办此案者），而咸谓杀公以媚张相者之为非人也。则斯道之在人心，真如日月星辰，不可以盖覆矣。虽公之死无名可名，而人心如是，则斯道之为也，孰能遏之！然公岂诚不畏死者！……吾又因是而益信谈道者（指耿定向之类）之假也。由今而观，彼其含怒称冤者，皆其未尝识面之夫。其坐视公之死，反从而下石者，则尽其聚徒讲学之人。然则匹夫无假，故不能掩其本心；谈道无真，故必欲划其出类，又可知矣。夫惟世无真谈道者，故公死而斯文遂丧。公之死顾不重耶！而岂直泰

山氏之比哉！

从这一段文字可以知道，李贽真可谓有血气之男子，他面对的是怎样一个有势力手拿刀把子的群体，他如是说，而且刻在《焚书》中，当然也把个人生死置之度外了。同时他也感到何心隐之孤独，他说："然而贤者疑之，不贤者害之，同志终鲜，而公亦竟不幸为道以死也。"值得注意的是，"同志"这个概念在那时已有了，"同志""平等""自由""觉悟"这些在共产党人中流行的概念及其内涵，并非都是从西方传来的，在中国的传统文化中早就有了，但不是产生在传统主流文化中，而是在阳明心学之泰州学派中流行的，毛泽东看重李贽的为人和思想不是偶然的。

九、李贽对才、胆、识的议论

万历二十年（1592年），李贽在武昌时，曾看到邸报，东、西二警，东是指日本丰臣秀吉犯朝鲜，西是宁夏兵变，而闽广的海警已成往事，于是他想起当年在黄安时，吴少虞曾问过他："公可识林道乾否？"吴为什么问李贽这个问题，因李是泉州晋江人，经历过嘉靖时的倭寇之战乱。李贽便反问，这个话是骂我，还是赞我，因在闽广地区，这是骂人的话。为此，李贽还写过两篇小品文，题目分别是《因记往事》和《二十分识》，前者讲的是怎么看待嘉靖年间南方倭寇的事。林道乾是当年倭寇的首领，在官府看来，这当然是十恶不赦的盗寇。万历七年（1579年）七月，耿定向曾派人到柬埔寨，要他们帮助擒拿林道乾。林道乾是闽粤间人，海商出身，由于明代的闭关政策，当时实施的是朝贡贸易，边境的战乱最初是由日本两个使团争贡引起的。这次事件打开了明代海防的缺口，沿海的海盗乘机而起，林道乾由海商变为海盗。那个时期闽粤沿海的海商都有武装，目的是为了保卫自己，以免受到外海不知从何而来的海盗侵袭。直到如今，在印度洋、红海与波斯湾一带仍时有海盗出没，需要海军护航。在明代嘉靖年间，商人出海当然要有武装来自卫，明末福建沿海的郑芝龙，所组建起的便是一个亦商亦盗的海商集团。李贽与林道乾同一时代，他在回家守丧时曾参加过当地守城以抵御倭寇，对倭寇之事他是亲身经历者。在那个时代，他对林道乾的评论与官府的论断截然相反，这可不是一件简单的事，在执政者看来，这完全是大逆不道。李贽称：

向在黄安时，吴少虞大头巾曾戏余曰："公可识林道乾否？"盖道乾居闽、广之间，故凡戏闽人者，必曰林道乾云。余谓：尔此言是骂我邪，是赞我邪？若说是赞，则彼为巨盗，我为清官，我知尔这大头巾决不会如此称赞人矣。若说是骂，则予是何人，敢望道乾之万一乎？(《焚书》卷四《因记往事》)

从这一段话可以看出，林道乾在民间的口碑与官方不一致，李贽自认为不如林道乾之万一。李贽没有赞过孔子，却如此赞林道乾，那说明在李贽心目中，林道乾确有不同寻常之处。其云：

夫道乾横行海上，三十余年矣。自浙江、南直隶以及广东、福建数省近海之处，皆号称财赋之产，人物隩区者，连年遭其荼毒，攻城陷邑，杀戮官吏，朝廷为之旰食。除正刑、都总统诸文武大吏外，其发遣囚系，逮至道路而死者，又不知其几也，而林道乾固横行自若也。今幸圣明在上，刑罚得中，倭夷远遁，民人安枕，然林道乾犹然无恙如故矣。称王称霸，众愿归之，不肯背离。其才识过人，胆气压乎群类，不言可知也。

这说明官府虽然千方百计讨伐征剿林道乾，但仍无可奈何于他，为什么？因为有海上的优势，同时林道乾能服人，群盗能听从于他，官府对他无可奈何，为盗亦有道焉。其续云：

设使以林道乾当郡守二千石之任，则虽海上再出一林道乾，亦决不敢肆。设以李卓老权替海上之林道乾，吾知此为郡守林道乾者，可不数日而即擒杀李卓老，不用损一兵费一矢为也。又使卓老为郡守时，正当林道乾横行无当之日，国家能保卓老决能以计诛擒林道乾，以扫清海上数十年之逋寇乎？此皆事之可见者，何可不自量也？

在李贽看来，当时整个官僚机构及其体制之无能，扼杀了一切有才智和能力之士。接下来他进一步痛斥整个官僚队伍及当时流行的伪道学，他说：

嗟乎！平居无事，只解打恭作揖，终日匡坐，同于泥塑，以为杂念不起，便是真实大圣大贤人矣。其稍学奸诈者，又搀入良知讲席，以阴博高官，一旦有警，则面面相觑，绝无人色，甚至互相推诿，以为能明哲。盖因国家专用此等辈，故临时无人可用，又弃置此等辈有才有胆有识之者而不录，又从而弥缝禁锢之，以为必乱天下，则虽欲不作贼，其势自不可尔。设国家能用之为郡守令尹，又何止足当胜兵三十万人已耶！又设用之为虎臣武将，则阃外之事可得专之，朝廷自然无四顾之忧矣。唯举世颠倒，故使豪杰抱不平之恨，英雄怀罔措之戚，直驱之使为盗也。余方以为痛恨，而大头巾乃以为戏；余方以为惭愧，而大头巾乃以为讥；天下何时太平乎？故因论及才识胆，遂复记忆前十余年之语。吁！必如林道乾，乃可谓有二十分才，二十分胆者也。

关于才、胆、识的问题，《中庸》有言："知、仁、勇三者天下之达德也，所以行之者一也"，"知者不惑，仁者不忧，勇者不惧"；李贽在《二十分识》一文中，将其解释为知即识，仁即才，勇即胆。这三者的关系，“空有其胆而无其才，则不过冥行妄作之人耳。盖才、胆实由识而济，故天下唯识为难。”识是正确的判断，以仁为才，谓执政是为人民，为多数人，非为个人之富贵。胆是勇于任事，敢于担当，没有胆，不敢冒风险，何以成其事？他敢于称道林道乾之才识胆，也要具备这三方面的素质。李贽的说法与当局的结论完全相反，他也要有勇气才敢写这样的文字。他这两篇文字，实际上是为当时正在处理宁夏兵变的梅国桢打气，要有识，才能有胆又有才。智、仁、勇这三者，智是第一位，这须是真知识，才能有勇有才。故其把文章题目定为《二十分识》，中心在识。他这个提法，比唐人刘知几在《史通》讲的才、学、识的观念，又进了一步，如对林道乾这样的人物如此写，可要有胆有识，才能如此成文，他是有为此付出代价之思想准备的，这样读史、论史，实在不易。

上面这一大段议论，是李贽七十岁在武昌发的，而他对林道乾的评议，早在他返乡守制时已有感受。他经过许多年的思索，才清晰地认识到明朝政府处置倭寇问题，在政策上存在失误。李贽的家族便是海商出身，他的本家近亲都是商人，故他对商人始终抱着同情的态度。在他心目中，林道乾是海商中的领袖人物。李贽认为，倭寇问题本质上是官逼民反的问题，对林道乾的追剿，只说明了明政府海上政策的失误和官府机构的无能。官僚队伍的腐败、假道学的迂腐，断送了向海上谋发展的机会，如果明朝政府在那个时候对海洋管理采取更积极的政策，并一直延续下来，那么中国在之后的道路会有很大的不同，或许我们能少走许多弯路。当然历史不能假设，尽管如此，李贽在这个问题上的认识，还是非常珍贵的。

对于一个历史人物，他的经历只能顺着时间的线索依次叙述，本文定题时，把论述其思想的发展放在前面，为什么？因为李贽的一些想法，在当时属于异端，但有道理，能吸引读者，而且他提出的一些命题，如才、胆、识的命题，能启发人思考。他的作品，多次被官府下令焚毁，但依然流传至今。作为一个人，他的为人和遭遇，也显得十分奇特。他死得那么惨烈，却也痛快，在生死问题上能看得那么透彻，故他死后，几百年来，仍有人惦记着他，也许这就是精神不死！那么对于一个人思想的论述和分析，便不能完全局限于时间这个线索，有的时候需要依照思想的发展逻辑结构来表述，跳跃地、有分析地讲，要把人的经历和思想这二者结合在一起。

十、李贽的佛教生活

万历二十年（1592年）耿定力升为奉常，可能自河南回到家乡，李贽感到或许与耿定向有和解的希望。耿定向是周友山之师，李贽与耿定向反目，但与其子弟仍保持着友好相处的关系，他与耿定向之间亦只是理念上的分歧，故他对周友山说过这么一段话：

> 令师想必因其弟高迁抵家，又因克念自省回去，大有醒悟，不复与我计较矣。我于初八夜，梦见与侗老聚，颇甚欢悦。我亦全然忘记近事，只觉如初时一般，谈说终日。此梦又不是思忆，若出思忆，即当略记近事，安得全无影响也。我想日月定有复圆之日，圆日即不见有蚀时迹矣。果如此，即老汉有福，大是幸事，自当复回龙湖，约兄同至天台无疑也。若此老终始执拗，未能脱然，我亦不管，我只有尽我道理而已。谚曰："冤仇可解不可结。"渠纵不解，我当自有以解之。（《焚书》卷二《与友山》）

这一席话，李贽表明了与耿定向解除怨恨之诚意，问题不在于一方的意愿，这要双方契合才行，一下子完全解除亦难，有所松动的可能性比较大。

这一年还有两件大事：一是日本丰臣秀吉攻陷朝鲜的汉城，朝鲜问题紧迫；另一件事是宁夏兵变，由梅国桢与李如松前往平定。在梅国桢获准以监军前往宁夏平叛时，李贽曾走告刘东星，对平叛充满信心，这个消息传到梅国桢那里，梅因此引李贽为知己者。梅国桢《孙子参同叙》云：

> 予友秃翁先生，深于禅者也。于兵法独取《孙子》，于注《孙子》者，独取魏武帝，而以余六经附于各篇之后。注所未尽，悉以其意明之，可谓集兵家之大成，得《孙子》之神解。予在云中（今山西大同）始得读之。云中于兵，犹齐鲁之于文学，其天性也。故为广其传，使人知古今兵法尽于“七经”，而“七经”尽于《孙子》。若善读之，则《十三篇》皆糟粕也，况其他乎？予家居，与秃翁未数见，见亦未与深谈，且不知有禅，亡论兵。及予在行间无与语者，思可共事，无如秃翁。时秃翁寓楚，楚诸大夫正忧贼，秃翁曰：毋忧，梅生往矣，是必能办贼者。夫予两人者，未相与谭，而心相信，此其故。即使余两人者，言之亦未可得也。秃翁者，李贽，号卓吾子。

这篇序文说明，梅国桢知李贽在武昌，楚中即武昌也，那时李贽写了一封信给梅国桢，后收入《焚书》卷二，题为《与梅衡湘》。信之开头有那么几句话：

承示系单于之颈，仆谓今日之颈不在夷狄而在中国。中国有作梗者，朝廷之上自有公等诸贤圣在，即日可系也。

时任浙江道监察御史梅国桢上疏推荐李如松为总兵官，并表示自己愿任御史监军。李贽看到梅国桢奏疏之后，特地写信给他。梅国桢接信后，回了他两封信，其中一封讲兵事，亦用喻指。其云：

佛高一尺，魔高一丈，昔人此言，只要人知有佛即有魔，如形之有影，声之有响，必然不相离者。知其必然，便不因而生恐怖心，生退悔心矣。世但有魔而不佛者，未有佛而不魔者。人患不佛耳，毋患魔也。不佛而魔，宜佛以消之；佛而魔，愈见其佛也。……自古英雄豪杰欲建一功，立一节，尚且屈耻忍辱以就其事，况欲成此一段大事耶！（《答李贽书》）

因李贽信佛，梅国桢这封信，借佛喻指朝堂上关于宁夏问题的争论，实际上也是对李贽与耿定向争论的支持。梅国桢随后又写一信，言其读《焚书》后的感想，其云：

> 丘长孺书来云，翁有老态，令人茫然。桢之于翁，虽心向之而未交一言，何可老也。及问家人，殊不尔。又读翁扇头细书，乃知复转精健耳。目病一月，未大愈，急索《焚书》读之，笑语人曰："如此老者，若与之有隙，只宜捧之莲花座上，朝夕率大众礼拜以消折其福；不宜妄意挫抑，反增其声价也！"

从梅国桢这一段话可知，对李贽和耿定向之间的争论，他认为理在李贽一方，耿定向的所作所为，反而更抬高了李贽的声望，当然他更不赞成耿定向如此驱赶李贽了。当时官场的舆论，耿定向也无法做到一面倒，相当一部分士大夫是支持李贽的。值得注意的是，当时的官二代，从二袁起，包括刘东星与梅国桢的子侄辈都把同情心放在李贽一边，耿定向的堂弟耿定力对李贽的态度，便与耿定向不同，甚至耿定向的儿子耿克明，与其父亲也有区别。其实耿克明无意于科场，怎能责怪李贽呢？耿克明的才能在于经商和理财。

万历二十一年（1593 年），李贽六十七岁，那年春天，他自武昌回到麻城，梅国桢与刘东星都支持李贽回麻城，耿定力回乡，也可以从中调解李贽与耿定向之间的矛盾，紧张的气氛缓和下来，李贽安心回到麻城龙湖。万历十九年（1591 年）春，李贽送袁宏道兄弟去武昌游览黄鹤楼时遭耿定向门人驱赶，至此他在武昌逗留了将近两年，矛盾缓和之后才回到麻城的芝佛院。他在《又与杨凤里》的信中说：

行李已至湖上，一途无雨，可谓顺利矣。我湖上屋低处就低处做，高处就高处做，可省十分气力，亦又方便。低处作佛殿等屋，以塑佛聚僧，我塔屋独独一座，高出云表，又像西方妙喜世界矣。我回，只主张众人念佛，专修西方，不许一个闲说嘴。曾继泉可移住大楼下，怀捷令上大楼歇宿。

从这一段文字可以知道，李贽从武昌回到麻城，一心只想修佛院，考虑如何安置好芝佛院。“不许一个闲说嘴”，那就是不想再参加与耿定向之间的论战了，希望与耿定向和解，大家毕竟都老了，耿定向也已经七十出头了。关于芝佛院的建筑、佛像的塑造，李贽也发表了不少意见，他在《移住上院便厦告文》中说：

龙湖芝佛院佛殿之后，因山盖屋，以为卓吾藏骨之室。盖是屋时，卓吾和尚往湖广会城，居士杨定见及常住僧常中、常通等告神为之。逮和尚归，又告神添盖两厢，及前廊边两厦。草草成屋，可居矣。和尚但念力出众人，成此大屋，宴然居之，不特心神不安，面貌且有厚颜也。屋成，遂题扁悬其额曰“阿弥陀佛殿”。中塑西方接引佛一尊，高一丈二尺，以为院僧三时念佛、瞻像皈依之地。南向厢房三间，塑起普陀悬崖，坐观世音菩萨于崖石波涛之上，以显急苦难大慈悲之力，使众僧有所依怙，不生怖畏。前廊五间，中间塑韦驮尊者金像一躯，连座高九尺，专赖其拥护僧众，使精勤者获利益，怠昏者用一杵，故扁其额曰“护法尊者之殿”，而观音则直书“南无观世音菩萨”七字而已。殿之东西，供养达摩、伽蓝二像。门楼北上，其神在上，南向则为执金刚神，专听护法尊者主使。有此种种慈悲威严佛菩萨真容，则和尚借佛背后半间丈室以藏骨，心亦安矣。

这里和尚是李贽自称，他描述了整个庙宇的布局，与我们现在到寺庙去看到的设置基本一致。这个芝佛院最多时有四十位僧人，经济上靠当地居士们的布施。李贽写这篇告文时土木建筑工作还未完全结束，塑像的事还要花力气。关于如何塑佛像，他也发表了不少精辟的意见，其在《三大士像议》一文中作了一些发挥，今略引一二于下。

后菩萨像出，和尚（即李贽）立视良久，教处士曰：“三大士总名菩萨，用处亦各不同。观音表慈，须面带慈容，有怜悯众生没在苦海之意。文殊表智，凡事以智为先，智最初生，如少儿然，面可悦泽丰满，若喜慰无尽者。普贤表行，须有辛勤之色，恰似诸行未能满足其愿。若知此意，则菩萨真身自然出现，可使往来瞻仰者顿发菩提心矣。岂不大有功德哉！

我去过不少庙宇，这三大士的塑像见过不少，从未有过如此微妙的想象力。其又云：

处士金姓，眇一目，视瞻不甚便，而心实平稳可教。像之面目有些不平整，和尚每见，辄叹以为好，岂非以其人乎，抑所叹在骊黄之外也？众僧实不知故。因和尚归方丈，即指令改正。和尚大叫曰：“叫汝不必改，如何又添改也？”金处士牙颤手摇，即答云：“非某甲意，诸人教戒某也。”林时亦在傍，代启和尚曰：“比如菩萨鼻不对嘴，面不端正，亦可不改正乎？”和尚忻然笑曰：“尔等怎解此个道理，尔试定睛一看：当时未改动时，何等神气，何等精采。但有神则自活动，便是善像佛菩萨者矣，何必添补令好看也。好看是形，世间庸俗人也。

活动是神，出世间菩萨乘也。好看者，致饰于外，务以悦人，今之假名道学是也。活动者，真意实心，自能照物，非可以肉眼取也。”

这里讲了塑像之神与形的关系，似与不似，我看过几个庙宇的五百罗汉，还讲不出各个罗汉形象所包含的意义。李贽在佛像面前也喜欢说笑话，如他说：

佛像菩萨坯胎已就，处士长跪合掌而言曰：“请和尚看安五脏！”和尚笑曰：“且住！我且问尔，尔曾留有后门不？若无门，即有腹脏，屎从何出？所以你们愚顽，未达古人立像之意。”

此言有趣！菩萨是不能开后门的啊！怎么“开后门”的事李贽就知道了呢？李贽在文中还说：

至五月五日，和尚闲步廊下，见庄严诸佛菩萨及韦驮尊者像，叹曰：“只这一块泥巴，塑佛成佛，塑菩萨成菩萨，塑尊者成尊者，欲威则威，欲慈则慈，种种变化成就俱可。孰知人为万物之灵，反不如一泥巴土块乎！任尔千言万语，千劝万谕，非聋即哑，不听之矣。果然哉，人之不如一土木也！”怀林时侍和尚，请曰：“和尚以人为土，人闻之必怒；以土比人，人闻之必以为太过。今乃反以人为不如土木，则其以和尚为胡说乱道，又当何如也？然其实真不如也，非太过之论也。记得和尚曾叹人之不如狗矣，谓狗终身不肯背主人也。又读孙坚《义马传》，曾叹人之不如马矣，以马犹知报恩，而人则反面无情，不可信也。今又谓人更土木之不如，则凡有情之禽兽，无情之上木，皆在人上者，然则天亦何故而生人乎？”“噫！此非尔所知也。人之下者，禽兽土木不若，固也；人之上者，且将咸若禽兽，生长草木，又岂禽兽草木可得同乎？我为下下人说，不为上上人说。”林复请曰：“上下亦何常之有？记得六祖大师有云：‘下下人有上上智’，有上智则虽下亦上；‘上上人有没意智’，没意智则虽上亦下。上下之位，固无定也。”“噫！以此观之，人决不可以不慎矣。一不慎即至此极，顿使上下易位。我与子从今日始，可不时时警惕乎！”

看来李贽这张嘴，不闲说几句也难，即使在佛像前，也会随时冒出各种题外话来。他人在庙里修行，心还在世俗人间，不忘对人间种种阴暗的东西说上几句，有些事他看得太透了。从另一方面看，他确实非常善良，始终不忘与一切邪恶作斗争。

这里还应该说一下，李贽之所以善待梅国桢两个已出家为尼的女儿，与李贽和梅国桢的友情有关。这一年的四五月间，李贽获悉梅国桢西征捷报，在梅国桢当初的奏议之后，写了一篇《西征奏议后语》，介绍自己与刘东星一年多之前议论西征之事的经过，赞赏梅国桢在胜利献捷后半年多没有蒙恩受荫却毫不争功。其云：

> 西夏之事不难于成功，而难于以监军成功。何也？监军者，无权者也，自古未有不专杀生之权而可以与人斗者也。又不难于以监军成功，而难乎任讪谤于围城之日，默无言于献捷之后也。呜呼！客生既能为人之所不能为矣，而世人犹然不知也。方客生之蒙犯矢石于坚城之下也，兵粮不给，虏骑来奔，设奇运谋，贼反以城自献矣，而世人犹然不见也；况乎监军之命初下，西征之檄始飞，而我乃呶呶然断成事于数千里之外，而欲其必信我，不亦惑欤！虽然，天下之事固有在朝不知，而天下之人能知之，亦有一时之天下不能知，至后世乃有知者。

这段话有两点很深刻：一是梅国桢那样能知难而进，而且是在众人讪谤围攻之下而成其事，成事之后并不居功自傲、邀功请赏，反而默默无言。另一点是李贽说的“天下之事固有在朝不知，而天下之人能知之”，言当局者身居庐山之中，反而不识其真面目也。这说明不能堵塞言路，李贽在《答耿司寇》一信中曾说：“学问岂因大官长乎？学问如因大官长，则孔孟当不敢开口矣。”与此处之言是一致的。堂上一呼，堂下百诺并不是好现象，它只会使人昏昏然，这是已为中国历史反复证明过的真理。任何人的话，总要让人议论的，因为真理越辩越明嘛！更有一些事，当时碍于利害而不能说、无法说，谁能管得住身后人们客观地重新判断是非呢！这些道理古人都懂得，今人应该更聪明一些吧！后人对前人的往事之是非重新说清楚，是为了向前看，对大家都有利，所以在中国历史上总有不少翻案文章，也就是这个道理，李贽便是给历史人物翻案的老手。当然，这一切都要以客观事实为基础。

由于梅国桢与李贽这一段相知关系，他的两个女儿出家为尼后，当然也会去向李贽请教。梅国桢有六个女儿，第二女因寡居而出家，佛名为善因。三女儿自小许配给世袭卫指挥佥事刘承禧，聘未字，刘卒，尚未出嫁男方就去世了，守寡学佛，后出家为尼，佛名澹然，日以刺绣佛像为功课，读佛经求解。她削发为尼时，曾写信给李贽请求为之作记，李贽称其为“龙女”，言其全贞皈佛，号澹然大士。她所在的庵名为观音阁，观音阁亦在龙湖边上。当时在观音阁有澹然、善因、自信、明因等人，她们常以书面形式向李贽请教佛法，李贽亦以书面作答，前后有十七问，以《观音问》

为题合在一起。其中《答澹然师》之一云：

昨来书，谓："观世音大士发大弘愿，我亦欲如是发愿：愿得如大士圆通无障碍。闻庵僧欲塑大士像，我愿为之，以致皈依，祇望卓公为我作记也。"余时作笔走答云："观音大士发大弘愿，似矣。但大士之愿，慈悲为主：以救苦救难为悲，以接引念佛众生皈依西方佛为慈。此一切圆通无障碍，则佛佛皆然，不独观音大士也。彼塑像直布施功德耳，何必问余？或可或否，我不敢与。"

《答澹然师》之四中有一段话讲得比较透彻，其云：

夫佛以生死为苦海，而今学者反以生死为极乐，是北辕而南其辙，去彼岸愈远矣。世间功名富贵之人，以生为乐也，不待言也。欲学出世之法，而唯在于好名，名只在于一生而已，是亦以生为乐也，非以生为苦海也。苦海有八，生其一也。即今上亦不得，下又不得，学亦不得，不学亦不得，便可以见有生之苦矣。佛为此故，大生恐怖。试看我辈今日何曾以此生身为苦为患，而决求以出离之也。寻常亦会说得此身是苦，其实亦只是一句说话耳，非真真见得此身在陷阱坑坎之中，不能一朝居者也。试验之自见。

这一段话的心理分析很有道理，大凡真心出家者，都有身心在陷阱坑坎之中难以摆脱的境遇，才出家求佛以求解脱，以生死为乐的人，当然不会靠出家成佛去寻求解脱的。

观音阁有那么多女儿身学道，有人写信给李贽，“谓妇人见短，不堪学道”。为此，李贽写了一篇《答以女人学道为见短书》，其云：

> 故谓人有男女则可，谓见有男女岂可乎？谓见有长短则可，谓男子之见尽长，女人之见尽短，又岂可乎？设使女人其身而男子其见，乐闻正论而知俗语之不足听，乐学出世而知浮世之不足恋，则恐当世男子视之，皆当羞愧流汗，不敢出声矣。

可见李贽在见识这个问题上，还是主张男女平等的。

关于麻城龙湖芝佛院的僧众管理，李贽作《豫约》，为芝佛院立规矩，规定每天早晚的佛事和生活节奏，也讲了他的生平，讲了他身后的安排。《寒灯小话》记载了他与身边的小和尚怀林之间的对话。在第四段，记录了他去西城万寿寺，当时怀林跟随在身边，寺僧要他写联句，其联句云：“僧即俗，俗即僧，好个道场；尔为尔，我为我，大家游戏。”既僧又俗，游戏于两者之间，这大概是他当时的生活和心态。

李贽所在的龙湖芝佛院周围的环境还是非常优美的。那年五月上旬，袁宗道兄弟三人到黄安，前去麻城与李贽一起讲学，袁宗道有《龙湖记》描述龙湖的山山水水幽美奇异，若人间仙境。其云：

> 龙湖，一云龙潭，去麻城三十里，万山瀑流，雷奔而下，与溪中石骨相触，水力不胜石，激而为潭。潭深十馀丈，望之深青，如有龙眠，而土之附石者，因而夤缘得存。突兀一拳，中央峙立，青树红阁，隐见其上，亦奇观也。潭右为李宏甫精舍，佛殿始落成，倚山临水，每一纵目，则光、黄诸山，森然屏列，不知几万重。余本问法而来，初非有意山水，且谓麻城僻邑，常与孱陵、石首伯仲，不意其泉石幽奇至此也。故识，癸巳五月五日记。（《白苏斋类集》卷十四）

袁氏兄弟三人在龙湖住了十天，与李贽论学不绝，袁宏道有诗八首记录此事经过，今录其三：

> 十日轻为别，重来未有期。出门余泪眼，终不是男儿。
> 惜别在今朝，车马去遥遥。一行一回首，踟蹰过板桥。

郁郁西陵路，迢迢在何许？不及寒潭石，朝夕共君语。

可见他们对与李贽论学恋恋不舍，李贽亦有诗《答袁石公》八首，亦记其三：

入门为兄弟，出门若比邻。犹然下幽谷，来问几死人。

无会不成别，若来还有期。我有解脱法，洒泪读君诗。

赤壁赋苏公，龙湖吟白首。君是袁伏袁，附君成四友。

袁中道《柞林纪谭》记录了他们之间探讨议论的内容，其中李贽的一段话把“何以为人”这件事说到底了，他说：

我昔于法场见有四人同斩，有两人恬然不以为意也，只是大聪明人，见得决定是死，啼哭无益。凡聪明伶俐有力量人，遇事都能一眼见到底，也有趣。

能把事情看到底，连死也无所畏惧，那才能超脱。《宋书·范晔传》讲范晔这个人虽然喜欢投机取巧，最终把命也送了，但他在刑场上能饮酒嬉笑如常，那时他把结局看到底了，反而无所畏惧。作文也是如此，要有识有胆又有才，方能把问题说透，无所顾忌地把话讲到点子上，还要有骨气，要不怕砍头才行呢。否则的话，只能吞吞吐吐，说半句留半句。李贽的文字在一些点上能如此深透，是因为他具备了这些条件，作为出家人，是把生死问题早就看透了的。

万历二十一年（1593 年）九月间，在朋友的邀约下，李贽有一次与耿定向、耿定力、李士龙等一起游天台山，耿、李之间有一些友好的表示，二人都有这次同游天台山的诗文之作。天台山在黄安县北八十里，山顶有台，广数亩，四面皆石壁，仅有一石径可上。李贽诗《宿天台顶》：

缥缈高台起暮秋，壮心无奈忽同游。
水从霄汉分荆楚，山尽中原见豫州。
明月三更谁共醉，朔风初动不堪留。
朝来云雨千峰闭，恍惚仙人在上头。

从“壮心无奈忽同游”之句可知，李贽这次与耿定向同游天台山有一点无奈，二人因思想上的分歧并未取得彼此之间的理解，不久为了李贽在《藏书》中有关冯道的评论，又起纷争。李贽向耿定向表示和解，是在万历二十三年（1595 年）的十一、十二月间，他写《耿楚倥先生传》，专门抄写了一份给耿定向。而耿定向正式对李贽表示和解，要到万历二十四年（1596 年），他读了李贽写的《读若无母寄书》之后，写了一篇《读李卓吾与王僧若无书》，表示了对李贽的理解。两人各自在相互关系上下了台阶，但在观念上双方亦还都坚持自己的理念，这两年之间，双方还是有激烈的交锋。

十一、李贽论友情

万历二十三年（1595年），李贽还写了一篇《朋友篇》（《焚书》卷五）。朋友是五伦之一，君子之间的朋友关系，是建立在道义的基础上，非仅仅为利也。他认为那个时候真正的朋友不多了，其云：

> 天下无朋久矣，何也？举世皆嗜利，无嗜义者。嗜义则视死犹生，而况幼孤之托，身家之寄，其又何辞也？嗜利则虽生犹死，则凡攘臂而夺之食，下石以灭其口，皆其能事矣。今天下之所称友朋者，皆其生而犹死者也。此无他，嗜利者也，非嗜友朋也。今天下曷尝有嗜友朋之义哉！

当然，朋友之间也有利益关系，如果嗜利就是另一回事了。“幼孤之托，身家之寄”，以身相殉之人还是有的，春秋时晋国的晋献公托幼孤于荀息，《史记·晋世家》记载：

(晋献公) 病甚，乃谓荀息曰：“吾以奚齐为后，年少，诸大臣不服，恐乱起，子能立之乎？”荀息曰：“能。”献公曰：“何以为验？”对曰：“使死者复生，生者不惭，为之验。”于是遂属奚齐于荀息。

虽然荀息未能掌控晋献公死后的乱局，但荀息没有食言，以身相殉。现在这样的君子很少了，反而是攘臂夺食、落井下石者多矣，何哉？嗜利者多。这大概也是市场经济的副作用吧，因为市场是靠利益驱动的啊！市场上讲信用，也是为了长远利益而已。

当然，对君子与小人的社会影响也要作具体分析，小人的问题大家还容易看得清楚，如果君子的问题造成祸害，有时反而甚于小人，为什么？因为君子自以为是，过于自信，一旦差失，则危害更大。次年李贽还写过一篇《党籍碑》，提出“君子之尤能误国”，故从危害性讲，“贪官之害小，而清官之害大”。李贽这个观念是从前人对王安石的评论引起的，其云：

“安石误国之罪，本不容诛；而安石无误国之心，天地可鉴。主意于误国而误国者，残贼之小人也，不待诛也。主意利国而误国者，执拗之君子也，尚可怜也。”

卓吾曰："公但知小人之能误国，而不知君子之尤能误国也。小人误国犹可解救，若君子而误国，则未之何矣。何也？彼盖自以为君子而本心无愧也。故其胆益壮而志益决，孰能止之。如朱夫子亦犹是矣。故予每云贪官之害小，而清官之害大；贪官之害但及于百姓，清官之害并及于儿孙。余每每细查之，百不失一也。"

李贽这个话有一定道理，但也要具体分析。君子之失，往往在于自以为是，容不得不同意见的争论。王安石、司马光、苏轼都是君子，在变法的问题上，一左一右一中间，谁也容不得不同意见，结果是君子之间争论不休，而小人便容易从中得逞了，可见好经也会念歪的。贪官是有害的，只要放手揭发，很容易发现。如果贪腐成为一种普遍的社会现象，那样的害处同样很大，因为那种普遍性的社会风气会使政府机构处于解体状态，那距离这个王朝崩溃的时间就不远了。要反贪官，不是靠一两次大扫除便能终结的，只要有利益驱动，便有贪腐的温床，只能长时期地打持久战，不断地端正社会风气，反腐倡廉没有终止的时间。朱元璋时期，明初贪官要剥皮囊草，挂在县衙审判台前以儆效尤，县衙旁有一个皮场庙，是剥贪官皮的场所。朱元璋死了以后，贪腐现象又死灰复燃了，为什么？官场的名利诱惑还在嘛！对于君子，如何端正思想政治路线，同样也是一个长期持久的任务，为什么？

形势在发展，不断有新的问题涌现，那么如何正确认识客观世界的变化，如何正确判断形势的变化和发展，始终是摆在我们面前迫切的任务。在现行体制下，反对主观主义、克服官僚主义、端正思想政治路线，始终是一项刻不容缓的任务，而且在这个任务面前，任何人都不能躲避。每一次发生大的失误，都是在我们取得胜利的时候，在赞颂之声铺天盖地的时候，也是盲目自大骄傲情绪滋生的时候，因而我们要时时敲响警钟。

李贽关于君子与小人之间关系的文章，从侧面论述了其中的相互关系。他讲的虽然是数百年前的往事，但今天读来仍有深刻的现实意义。

十二、李贽晚年的读书生活

万历二十四年（1596年），李贽七十岁时写了一首题为《读书乐》的长诗，诗前有引言，其云：

> 天幸生我目，虽古稀犹能视细书；天幸生我手，虽古稀犹能书细字。

这说明李贽一边读书，一边拿笔圈圈点点进行批注。这一点很重要，留下读书时的印象，以后还可以反复阅读和思考。读书要手脑并用，才能进入角色。

> 天幸生我心眼，开卷便见人，便见其人终始之概。夫读书论世，古多有之，或见皮面，或见体肤，或见血脉，或见筋骨，然至骨极矣。纵自谓能洞五脏，其实尚未刺骨也。此余之自谓得天幸者一也。（《焚书》卷六《读

书乐并引》）

这是说读书要能鞭辟入里，要敢于刺骨，也就是知人论世，由表面现象深入到人与事之本质。读书论世，不受陈说之束缚，亦有二重意义，古人之世与今人之世，沟通古今才能使人物活起来，才有可以借鉴的现实意义。

> 天幸生我大胆，凡昔人之所忻艳以为贤者，余多以为假，多以为迂腐不才而不切于用；其所鄙者、弃者、唾且骂者，余皆的以为可托国托家而托身也。其是非大戾昔人如此，非大胆而何？

没有胆识，怎敢打破陈说，不敢打破陈说，那样读书就成为书的奴才了。李贽在《藏书·世纪列传总目前论》中讲："人之是非，初无定质；人之是非人也，亦无定论。"这是说对人与事的是与非本无定论，所有的结论都是相对的。他还说："以孔子之是非为是非，故未尝有是非耳。"倘若如此，那历史上许多定案的是非，还能成为定论吗？恐怕都要重新加以思考评定，这一点古今都一样。他还说："夫是非之争也，如岁时然，昼夜更迭，不相一也。昨日是而今日非矣，今日非而后日又是矣。"是非随着时间和人事的更迭，总会发生各种变化的，无论历史上什么样的决议或者法院的判决书，都逃不出这个命运。李贽的这些话，无非是把这种现象挑明了，这是他大胆的地方。胆要有识作为前提，要把是非说清楚也得有才能呀！仅有胆还不行，还要有环境条件，对古人的是非之再认识，顾忌要少，不妨大胆一些，但还得以识断为基础，不能瞎说一气。对今人的是非要说清楚就难了，为什么？因为还有利害与权势的阻力在啊！这一点大家都明白。所以李贽在《二十分识》一文中说："若出词为经，落笔惊人，我有二十分识，二十分才，二十分胆。呜呼！足矣，我安得不快乐！"这样去读古书，论古人之是非，其乐无穷。读书真能如此，方成乐事矣。所追求的不是黄金屋，也不是颜如玉，而是能引起千千万万人的共鸣，能开人之心窍，能尽理而知道矣。

《读书乐》是一篇四言的长篇诗歌，"诗言志，歌咏言"，具体讲则是"在心为志，发言为诗"，中国古代最早的诗歌总集《诗经》便是以四言为正体。李贽这篇《读书乐》反映了中国古代诗歌的传统，借以言志，并自得其乐地可歌可咏，读来亦生动有趣。今录其歌于下。

天生龙湖，以待卓吾；天生卓吾，乃在龙湖。
龙湖卓吾，其乐何如？四时读书，不知其馀。
读书伊何？会我者多。一与心会，自笑自歌；
歌吟不已，继以呼呵。恸哭呼呵，涕泗滂沱。

歌匪无因，书中有人；我观其人，实获我心。

哭匪无因，空潭无人；未见其人，实劳我心。

弃置莫读，束之高屋，怡性养神，辍歌送哭。

何必读书，然后为乐？乍闻此言，若悯不谷。

束书不观，吾何以欢？怡性养神，正在此间。

世界何窄，方册何宽！千圣万贤，与公何冤！

有身无家，有首无发，死者是身，朽者是骨。

此独不朽，愿与偕殁，倚啸丛中，声震林鹘。

歌哭相从，其乐无穷，寸阴可惜，曷敢从容！

他还有一篇五七言长篇《富莫富于常知足》，由其志可见其何以为人，可见他人生的追求与快乐是什么，亦可见其为人的魅力所在，因而总能吸引一群朋友在身边，他们以与李贽成为知己同志而感到自豪，患难时真诚相助，有的人甚至生死以之。在李贽去世后有那么多人怀念他，几百年后重读他的某些篇章，仍能感受到新意，这不是偶然的，他是中国知识分子中的佼佼者。今录其诗《富莫富于常知足》与其自解于下。

富莫富于常知足，贵莫贵于能脱俗。

贫莫贫于无见识，贱莫贱于无骨力。

身无一贤曰穷，朋来四方曰达。

百岁荣华曰夭，万世永赖曰寿。

解者曰：常知足则常足，故富；能脱俗则不俗，故贵。无见识则是非莫晓，贤否不分，黑漆漆之人耳，欲往何适，大类贫儿，非贫而何？无骨力则待人而行，倚势乃立，东西恃赖耳，依门傍户，真同仆妾，非贱而何？身无一贤，缓急何以，穷之极也。朋来四方，声应气求，达之至也。吾夫子之谓矣。旧以不知耻为贱亦好，以得志一时为夭尤好。然以流芳百世为寿，只可称前后烈烈诸名士耳，必如吾夫子，始可称万世永赖，无疆上寿也。

从李贽在此之后读书的情况，也可以看到他读书的趣味。万历二十四年（1596年）夏秋之交，他写信给江西的一名地方官，有《与方讱庵》，其中讲到“今春湖上纂《读孙武子十三篇》”，“夏来读《杨升庵集》，有《读升庵集》五百叶。升庵先生固是才学卓越，人品俊伟，然得弟读之，益光彩焕发，流光于百世也。”他在读《杨升庵集》的笔记中称：

余读先生文集，有感焉。夫古之圣贤，其生也不易，其死也不易。生不易，故生而人皆仰；死不易，故死而人尔思。于是乎前而生者，犹冀有待于后世；后而生者，

又每叹恨于后时；同时而生者，又每每比之如附骥，比之如附青云。则圣贤之生死固大矣。（《焚书》卷五《杨升庵集》）

这样评价一个人是很高了，杨升庵即杨慎，其父为杨廷和，父子俩都很有骨气，《明史》皆有传。明武宗正德帝死时没有儿子，是杨廷和主持内阁，力排众议，以兄终弟及之义，迎嘉靖入主帝位。正德嘉靖间，杨廷和总览朝政前后有三年时间，其本传云：

正德中蠹政厘抉且尽，所裁汰锦衣诸卫、内监局旗校工役为数十四万八千七百，减漕粮百五十三万二千余石。其中贵、义子、传升、乞升一切恩倖得官者大半皆斥去。中外称新天子圣人，且颂廷和功。

然而在大礼议上，他与嘉靖对着干，不顺帝意。嘉靖帝迷信道士斋醮，杨廷和力言不可，最后上疏乞休而去。为了坚持原则，宁可不做官，甚至削职为民，这一点说明他做人还是有骨气的。杨廷和之子杨慎，在世宗嘉靖嗣位时，充任经筵讲官。在大礼议的问题上，他坚持不从帝命，因此而被廷杖下诏狱，结果被削职发往云南永昌卫戍边，从此他或归蜀，或居云南会城，或留戍所，嘉靖三十八年（1559 年）七月卒，终年七十二，史称：“明世记诵之博，著作之富，惟慎为第一。”李贽这样推重他，不是偶然的，他既有作品，且为人有骨气。李贽读《杨升庵集》的笔记记录在《焚书》中的便有二十六篇，各篇皆有杨慎的言论和李贽的评语，如在《经史相为表里》一文中，李贽便已提出“六经皆史”的命题，比章学诚要早许多年。其云：

经、史一物也。史而不经，则为秽史矣，何以垂戒鉴乎？经而不史，则为说白话矣，何以彰事实乎？故《春秋》一经，春秋一时之史也。《诗经》《书经》，二帝三王以来之史也。而《易经》则又示人以经之所自出，史之所从来，为道屡迁，变易匪常，不可以一定执也。故谓六经皆史可也。

亦有李贽与杨慎之言互为补充的，把问题说得更深刻了，如《荀卿李斯吴公》，其云：

升庵先生曰：“以荀卿大儒，而弟子有焚书坑儒之李斯；以李斯为师，而弟子有治行第一之吴公。人之贤否，信在自立，不系师友也。”

卓吾子曰：“能自立者必有骨也。有骨则可藉以行立；苟无骨，虽百师友左提右挈，其奈之何？一刻无人，一刻站不得矣。然既能行立，则自能奔走求师，如颜、曾辈之于孔子然，谓其不系师友，亦非也。”

比较杨慎与李贽所论，杨慎之论有根据，而李贽的议论则更深一层，也更全面，读书就是要思考比较。《孔北海》条是以不同的意见互相补充，其云：

“北海(孔融)大志直节，东汉名流，而与‘建安七子’并称；骆宾王劲辞忠愤，唐之义士，而与‘垂拱四杰’为列。以文章之末技，而掩其立身之大闲，可惜也！”

卓吾子曰：“文章非末技，大闲岂容掩？先生差矣！或曰：先生皆自况也。”

孔融敢于与曹操争论，骆宾王敢于讨伐武则天，这都是文人有骨气的表现，其文章的才气亦佳，文章岂末技哉！李贽这个意见是对的，比杨慎更高一层了。读书要不断思考，才能更上一层楼。读书要拿笔把思考的问题写出来，可以供大家分析和评论。《论语·为政》：“子曰：‘学而不思则罔，思而不学则殆。’”李贽《读书乐》所乐即此，读而思，思而言，与大家一起议论，议而行之有道，思想和为人方能更上一层楼，二者互相推动，对历史的认识与推动才能不断前进，这是颠扑不破的真理。

李贽读书很杂，读经史，读文集，读佛经，还读小说、元曲及杂剧，而且都有评论。小说他读《水浒传》，写《忠义水浒传序》。元曲他读《玉合》《昆仑奴》《拜月》《红拂》，且都有评论，这四篇见于《焚书》卷四。他另有《杂说》一篇，从文艺创作的视角进行比较评论，如《琵琶》，他认为："作者穷巧极工，不遗余力，是故语尽而意亦尽，词竭而味索然亦随以竭。"那就是靠人工雕琢而缺乏内在吸引人的力量，为什么？"岂其似真非真，所以入人之心者不深耶？盖虽工巧之极，其气力限量只可达于皮肤骨血之间，则其感人仅仅如是，何足怪哉！"换一句话说，文学作品只靠文字技巧的堆积，是很难入人心田的，《西厢》《拜月》"乃不如是"，"意者宇宙之内，本自有如此可喜之人，如化工之于物，其工巧自不可思议耳！"故李贽认为，文艺创作的方法有画工与化工之区别，化工在于自然而能巧夺天工，他说："杂剧院本，游戏之上乘也，《西厢》《拜月》，何工之有！"那就是没有一点人工雕琢的痕迹，唯其如此，情理才能趋于一致。

十三、李贽关于文艺创作的观点及其对正史与诸子的评论

关于文艺创作，李贽在《杂说》中有一段议论讲得非常精辟，今录其文于下。

> 且夫世之真能文者，比其初皆非有意于为文也。其胸中有如许无状可怪之事，其喉间有如许欲吐而不敢吐之物，其口头又时时有许多欲语而莫可所以告语之处，蓄极积久，势不能遏。一旦见景生情，触目兴叹，夺他人之酒杯，浇自己之垒块；诉心中之不平，感数奇于千载。既已喷玉唾珠，昭回云汉，为章于天矣。遂亦自负，发狂大叫，流涕恸哭，不能自止。宁使见者闻者切齿咬牙，欲杀欲割，而终不忍藏于名山，投之水火。余览斯记，想见其为人，当其时必有大不得意于君臣朋友之间者，故借夫妇离合因缘以发其端。于是焉喜佳人之难得，羡

张生之奇遇，比云雨之翻覆，叹今人之如土。其尤可笑者：小小风流一事耳，至比之张旭、张颠、羲之、献之而又过之。尧夫云：“唐虞揖让三杯酒，汤武征诛一局棋。”夫征诛揖让，何等也，而以一杯一局觑之，至眇小矣！

鸣呼！今古豪杰，大抵皆然。小中见大，大中见小，举一毛端建宝王刹，坐微尘里转大法轮。此自至理，非干戏论。倘尔不信，中庭月下，木落秋空，寂寞书斋，独自无赖，试取《琴心》一弹再鼓，其无尽藏不可思议，工巧固可思也。鸣呼！若彼作者，吾安能见之欤！

这里说的是文艺创作过程中的情感冲动，欲发而难已，没有这份激情，任何创作都难以见其事。无论什么样的故事都能寓有深意，这便是小中见大。反之大中也能见小，大到唐虞揖让、汤武征诛，不过是一杯酒一局棋而已。男女之情，实际上衬托着君臣朋友之间的感情，借形象以寓深意，其天地无限广阔。汤显祖的《牡丹亭》，表面写的也不过是男女之情。若用李贽上述《杂说》所言观念去读《牡丹亭》，那读出来的就是另一番景象了。他们在思想脉络上，贯穿的是同一条线索。汤显祖当年曾师事罗汝芳，倾心崇拜达观禅师和李贽，其《答管东溟》云：

不佞亦且从明德先生（即罗汝芳）游，后稍流浪，戏逐诗赋歌舞游侠如沈君典辈，相与傲睨优伊……见以可上人（即真可，字达观，号紫陌）之雄，听以李百泉（即李贽）之杰，寻其吐属，如获美剑。（《汤显祖诗文集》卷四四）

汤显祖还为《李氏全书》写总序，其云：

李氏夙以书训世、经世、济世、骇世、传世，世则称为“秃和尚”，或又称为“秃菩萨”。菩萨普度众生，慈心救世，似犹近之，实不肖李氏书旨。世借李氏书多甚，真出其子者，雅推《藏书》《焚书》《说书》，《藏书》藏不尽，《焚书》焚不尽，《说书》说不尽，而为经世集，靡弗具备。……嘻嘻！文无活像，圈点生之；文无身价，评注活之。弗识李氏像，怎么定李氏价。

李贽有《读孙武子十三篇》，在李贽心目中，文武是一回事，他在《兵食论》一文中主张“文事武备，一齐且举”。他在《续焚书》卷一之《与友人论文》中便用兵法来讲文章作法。其云：

凡人作文，皆从外边攻进里去，我为文章，只就里面攻打出来，就他城池，食他粮草，统率他兵马，直冲横撞，搅得他粉碎，故不费一毫气力而自然有余也。凡事皆然，宁独为文章哉！只自各人自有各人之事，各人题目不同，各人只就题目里滚出去，无不妙者。如该终养者只宜就终养作题目，便是切题，便就是得意好文字。若舍却正经题目不做，却去别寻题目做，人便理会不得，有识者却反生厌矣。此数语比《易》说是何如？

这是针对命题作文而言，科举考场皆为命题作文。另一种情况是论战之文，那得从对方论点出发，利用对方的破绽与矛盾，才能击其致命之处。李贽讲的从里边攻打出来，从军事上讲，便是到敌后去，利用敌区的资源以战胜敌人。抗日战争时期八路军挺进敌后，就是这个道理，八路军借此壮大自己的力量。新四军慢了一拍，在皖南事变吃了亏，而过江挺进敌后的，则得到了发展的机会。长征以后保留下来的几万人，靠的是开辟敌后根据地，从而迅速地壮大自己的力量。可见文事武备，从战略角度思考的话是同一回事。

作文是如此，读书同样如此。李贽在读书过程中，总如汤显祖所言，有笔在手，圈圈点点，有时加上一些评语，这也是从外边攻进里边去的过程，这一点在李贽读史过程中非常明显。他在《续焚书》卷一《与焦弱侯》中有云：

山中寂寞无侣，时时取史册披阅，得与其人会觌，亦自快乐，非谓有志于博学宏词科也。尝谓载籍所称，不但赫然可纪述于后者是大圣人；纵遗臭万年，绝无足录，其精神巧思亦能令人心羡。况真正圣贤，不免被人细摘；或以浮名传颂，而其实索然。自古至今多少冤屈，谁与辨雪！故读史时，真如与百千万人作对敌，一经对垒，自然献俘授首，殊有绝致，未易告语。近有读史数十篇，颇多发明。

袁中道《李温陵传》对李贽读史与诸子，有一段精辟的概括和分析，其云：

昔马迁、班固各以意见为史：马迁先黄老后《六经》，退处士进游侠，当时非之；而班固亦排守节，鄙正直。后世鉴二史之弊，汰其意见，一一归之醇正，然二家之书若揭日月，而唐宋之史读不终篇，而已兀然作欠伸状，何也？岂非以独见之处，即其精光之不可磨灭者欤！

李贽对正史推重《史记》《汉书》，因其有见解，有好恶，各传人物都有棱角和自己的特色，读而能令人深思，此后诸史则缺少这种锋芒毕露、棱角分明的人物和事件了。于诸子则云：

> 且夫今之言汪洋自恣，莫如《庄子》，然未有因读《庄子》而汪洋自恣者也，即汪洋自恣之人，又未必读《庄子》也。今之言天性刻薄，莫如《韩子》，然未有因读《韩子》而天性刻薄者也，即天性刻薄之人，亦未必读《韩子》也。自有此二书以来，读《庄子》者撮其胜韵，超然名利之外者，代不乏人，读申、韩之书，得其信赏必罚者，亦足以强主而尊朝廷。即醇正如诸葛，亦手写之以进后主，何尝以意见少驳，遂尽废之哉！（袁中道《李温陵传》）

古人的思想和作为，实际上只能作为一个参照的系统，很难完全照搬，各个时代只能依照自己的条件来塑造那个时代的人物。李贽在《孔明为后主写〈申〉〈韩〉〈管子〉〈六韬〉》一文中讲到：

> 孔明之喜申、韩审矣，然谓其为对病之药，则未敢许。夫病可以用药，则用药以对病为功，苟其用药不得，则又何病之对也？刘禅之病，牙关紧闭，口噤不开，无所用药者也，而问对病与否可欤？

你要借用申韩之学术，它有客观条件，蜀汉的那一点地盘，无法对抗曹魏统一之大势，难以借申韩之说强化自身的力量。故其云：

> 孔明之语后主曰："苟不伐贼，王业亦亡。与其坐而待亡，孰与伐之？"是孔明已知后主之必亡也，而又欲速战以幸其不亡，何哉？岂谓病虽进不得药，而药终不可不进，以故犹欲侥幸于一逞乎？

实际上诸葛亮是明知其不可而为之，这不是申韩之说不对，是那时形势决定了的，孔明也只能劳而无功了。李贽的分析相当有道理，故袁中道称赞李贽："本绝意仕进人也，而专谈用世之略，谓天下事决非好名小儒之所能为。"

故在诸子中，李贽最不看重的便是儒家了，其云：

> 彼等（指申韩之说）原与儒家分而为六（即司马谈《论六家要旨》所言）。既分为六，则各自成家；各自成家，则各各有一定之学术，各各有必至之事功。举而措之，如印印泥，走作一点不得也。独儒家者流，泛滥而靡所适从，则以所欲者众耳。故汲长孺（即汲黯）谓其内多欲而外施仁义，而论六家要指者，又以"博而寡要，劳而少功"八字盖之，可谓至当不易之定论矣。

《易大传》："天下一致而百虑，同归而殊途。"诸子各家都有用途，什么时候需要什么都有不同的侧重：秦始皇好法家；

汉文帝时好道家，黄老思想占统治地位；汉武帝好儒家，刚即位时还拗不过窦太后，直到窦太后去世以后，他才能“罢黜百家，独尊儒术”，不过汉武帝实际是儒表法里；到了汉元帝时期，才是儒家出身的管理朝政，却连他的老师萧望之也无法保全；元成哀平，一代不如一代；王莽是一个大儒，却篡夺了汉代的天下。各家亦不纯粹，儒家与阴阳家也有一些难分难舍，董仲舒便是如此。故发扬中国传统文化，便不能偏于一端，要有清醒的认识，才能有所选择地重新组合。对于外来文化也要有分析地加以改造，如佛教文化便本土化了（禅宗）。如今西方文化，也要经过改造，才能适应中国的水土，总不能拿西洋文化来完全替换中国文化吧，全盘西化会有亡国危险的啊！

《藏书》是李贽对史著圈点评注及重新分类的产物。李贽读史时，常提出一些与原作者不同的思考。他有一篇题为《王半山》的笔记，王半山即王安石，李贽不同意王安石对司马迁《史记·刺客列传》中几个人物的评价。《韩非子·五蠹》有言：“儒以文乱法，侠以武犯禁。”儒与侠在战国时，是士大夫中两类不同的人物，李贽在《焚书》卷五《王半山》中，分析侠这类人物的心理特征。其云：

> 半山谓荆轲豢于燕，故为燕太子丹报秦（李贽不同意这个观点）。信斯言也，亦谓吕尚豢于周，故为周伐纣乎？

相知在心，岂在豢也，半山之见丑矣。且荆卿亦何曾识燕丹哉！只无奈相知如田光者荐之于先，又继以刎颈送之于后耳。荆卿至是，虽欲不死，不可得矣。故余有《咏荆卿》一首云："荆卿原不识燕丹，祗为田光一死难。慷慨悲歌为击筑，萧萧易水至今寒。"又有《咏侯生》二首云："夷门画策却秦兵，公子夺符出魏城。上客功成心遂死，千秋万岁有侯嬴。"又："晋鄙合符果自疑，挥锤运臂有屠儿。情知不是信陵客，刎颈迎风一送之。"（这个故事见于《史记·信陵君列传》）盖朱亥于公子相知不深，又值侯生功成名立之际，遂以死送之耳。虽以死送公子，实以死送朱亥也。丑哉宋儒之见，彼岂知英雄之心乎！盖古人贵成事，必杀身以成之；舍不得身，成不得事矣。

李贽的分析有一定道理，侠这类人物，相互之间讲义气，朋友之间结成生死之交，是这一类群体的凝聚力所在，没有这一点精神便成不了气候。由于价值取向相异，对历史人物的评价自然可以从许多细节中提出不同的观点。侠这一类人物属于江湖上的人物，历朝历代皆有，只有在社会动荡的时期，才有他们生存的空间，社会秩序稳定时期，这类人物就没有生存的空间。如金庸的小说，可作为趣味性的东西随便翻翻，如果真信从其中的江湖气息，在现实社会中，于社会生活有害无益。这样的作品在今天也只能是电视剧中武打片的一种，决不能成为主流，在社会稳定时期它只是过眼云烟。

十四、李贽晚年的交游

士大夫之间有没有朋友关系呢？朋友之间也应有患难相助的关系，但这与黑道上的江湖义气还是有所区别的，它应该是光明正大坦荡荡的正常友情。就以李贽与焦竑的关系而言，他们相知于李贽在南京刑部员外郎任上的时候，那时焦竑还很年轻。万历十七年（1589年）三月会试，焦竑考中进士一甲第一名，状元及第，授翰林院修撰，就在这个时候，李贽写了一封信给焦竑。信中有那么几段话值得体味。

> 于问学上亲切，则能知人；能知人则能自知。是知人为自知之要务，故曰“我知言”，又曰“不知言，无以知人”也。于用世上亲切不虚，则自能知人；能知人由于能自知。是自知为知人之要务，故曰“知人则哲，能官人”……故得位非难，立位最难。若但取一概顺己之侣，尊己之辈，则天下之士不来矣。今诵诗读书者有矣，

果知人论世，否也？平日视孟轲，若不足心服，及至临时，恐未如彼“尚论”切实可用也。极知世之学者以我此言为妄诞逆耳，然逆耳不受，将未免复蹈同心商证故辙矣，则亦安用此大官以诳朝廷，欺天下士为哉！毒药利病，刮骨刺血，非大勇如关云长者不能受也。不可以自负孔子、孟轲者而顾不如关义勇武安王者也。祇此一书耳，终身之交在此，半路绝交亦在此，莫以状元恐赫人也。世间友朋如我者绝无矣。（《焚书》增补二《复焦弱侯》）

在这个时候李贽的这一番话，全都出于肺腑，这才是真正的朋友。在朋友处在刚考取状元的兴头上时，他浇了一盆冷水，告诫朋友别被顺境冲昏了头脑。到了万历二十五年（1597 年）八月，焦竑任顺天乡试主考官，于落卷中得徐光启考卷，奇之，拔置第一名。至十一月间，给事中项应祥劾举子曹蕃等九人文多险诞语，为此焦竑被贬为行人，继而谪为福建福宁州（今霞浦县）同知。距其考中状元前后不过七年时间，对焦竑个人而言，事情向相反方向转化了，对个人命运的变化一定要有正确的态度和安天乐命的思想，才不会自寻烦恼。这时李贽接获焦竑来信，立即赋诗一首，题为《山中得弱侯下第书》。

秣陵人去帝京游，可是隋珠复暗投。昨夜山前雷雨作，传君一字到黄州。

焦竑的信经过转送到达李贽手中，李贽在极乐寺再次写信给焦竑，提醒他如何正确对待命运的变化。其云：

客生（即梅国桢）曾对我言（那时李贽已离开沁水至大同与梅国桢相聚）：“我与公大略相同，但我事过便过，公则认真耳。”余时甚愧其言，以谓“世间戏场耳，戏文演得好和歹，一时总散，何必太认真乎。然性气带得来是个不知讨便宜的人，可奈何！时时得近左右，时时得闻此言，庶可渐消此不自爱重之积习也。”余时之答客生者如此。今兄之认真，未免与仆同病，故敢遂以此说进。

苏长公云：“世俗俚语亦有可取之处：处贫贱易，处富贵难；安劳苦易，安闲散难；忍痛易，忍痒难。”余又见乩笔亦有甚说得好者：“乐中有忧，忧中有乐。”夫当乐时，众人方以为乐，而至人独以为忧；正当忧时，众人皆以为忧，而至人乃以为乐。此非反人情之常也，盖祸福相倚伏，惟至人真见倚伏之机，故宁处忧而不肯处乐。人见以为愚，而不知至人得此微权，是以终身常乐而不忧耳，所谓落便宜处得便宜是也。又乩笔云：“乐时方乐，忧时方忧。”此世间一切庸俗人态耳，非大贤事也。仆以谓“乐时方乐，忧时方忧”，此八个字，说透世人心髓矣。世人所以敢相侮者，以我正乐此乐也，若知我正忧此乐，则彼亦悔矣。此自古至人所以独操上人之柄，不使权柄落在他人手者。兄倘以为然否？（《焚书》卷二《与弱侯》）

这一番话，李贽是在帮焦竑解脱思想包袱，别把官职太当一回事，大富大贵都是身外之物，怎么能让名利这个东西捆住而自寻烦恼呢？从这两封信可以看出，李贽在为人上丝毫没有势利之处，这就是君子待人以德、朋友之间真诚相待之道。无论什么事情，都应该看到其辩证相互转化的关系，得失、安危、存亡、治乱，这两个侧面都是相辅相成的。对个人而言，富贵与贫贱的关系也是如此，懂得这一点就能化被动为主动，至少在心理上就不会自寻烦恼，从而得到平静良好的心境，并争取让事物向有利的方面转化。事后李贽还曾两次赋诗怀念焦竑，今录其《入山得焦弱侯书有感》二首之第一首：

易感平生泪，难忘故旧书。
三春鸿雁影，一夜子云庐。
风雨深杯后，杉松对我初。
开函如可见，是梦者非欤？

可见李贽对朋友的感情是真挚的，不因有事而急于划清界限。

十五、李贽晚年在山西的读书问学

万历二十四年（1596年）夏，那一年李贽七十岁，他从龙湖启程前往山西沁水（今上党）坪上村，那儿是刘东星的家乡，当时刘东星因父丧守制在家。李贽是六月间离开麻城的，不久耿定向便去世了，享年七十三岁。李贽离开龙湖时，随行有六七人，包括刘东星之子刘用相及僧人怀林，途经河南汝阳（今汝南县），在那儿避暑歇息了两三个月，八、九月间才抵达山西沁水的坪上村，他们的一应食宿皆由刘东星安排。沁水在山西晋城市西北部，地处黄河中游支流沁河中游。那年九月九日的重阳节，李贽有诗《九日坪上》：

如鸟飞飞到处栖，今年九月在山西。
太行正是登高处，无菊亦应有酒携。
坪上无花有酒钱，谩将沽酒醉逃禅。
若言不识酒中趣，可试登高一问天！

身在他乡不望乡，闲云处处总凄凉！
故人若问凉边事，日射坪田索酒尝。

从这三首诗可以看出，李贽的心情尚属闲逸。他在坪上村自秋历冬至春，都是白天闭门读书，晚间与刘东星之子刘用相、侄儿刘用健研读《大学》和《中庸》，有时刘东星亦参与问答，发问人是刘用相和刘用健，间有刘东星和怀林的问话。他们之间的对话当时被记录下来，后来被整理成一本以讨论《大学》《中庸》为主的《道古录》。全书分上下两卷，共四十二章，是李贽用自己的观点来解释《大学》与《中庸》。《大学》与《中庸》是《礼记》中的两个篇目，《大学》相传是曾子所作，由其门人述之，成书的时间当在《孟子》之前；而《中庸》相传是孔子的孙子子思所作，子思名伋。宋儒把这两个篇目与《论语》《孟子》合在一起，成为《四书》。在明代那个时候人们为什么都喜欢研读和讨论《大学》与《中庸》呢？这与明代的科举考试制度有关。明代科举考试，初场试《四书》义三道、经义四道。出题的范围，《四书》是以朱熹的集注为范围，经义则包括《易》《尚书》《春秋》《诗》《礼记》。《大学》与《中庸》属于《四书》的范围，篇幅较短，诸生要进入士大夫的行列，首先攻读的便是这两篇。李贽在黄安耿家时，一面自己读书著作，一面辅导耿家子弟读书，故他当时是家庭教师。然而耿定向的独子与其叔父耿定理相近，无志于举业。这等于断了耿定向的香火，耿定向难以容忍，因此迁怒于李贽，认为是李贽诱导所致。在这个背景下，耿李才对立起来。其实人各有志，在这个问题上责怪李贽是没有道理的。

李贽在山西沁水坪上村，白天自己读书，晚上与刘东星的子侄一起探讨《大学》和《中庸》。当时士子读《四书》，一般以朱熹的集注为版本，朱熹注《四书》大都停留在概念的演绎上，李贽的讨论则更深一层，把“圣人”的言与社会生活的行为关系结合起来进行探讨，让圣人下一个台阶，将其作为平凡人对其言行进行分析，那么圣人的神圣光环就被拿下来了，就不是从概念到概念，而是实实在在地回答生活中的问题。比如，圣人言“视富贵如浮云”，实际生活中大多数人是“得之亦若固有”。在这一点上，孔子也不例外，任鲁相三个月，何尝不是如此。至于大多数士大夫，哪个不把富贵作为自己奋斗的目标。如果认真起来，圣人强调要“讷于言，敏于行”，事实上大多数人的内外言行都是不一致的，真要言行一致起来，那么一切说假话的假道学就很难有存身之地了，在这一点上古今是一致的。再说《大学》《中庸》中的一些要求，放到现实生活中来考量，有许多实际上很难行得通，故需要重新解释。如《中庸》讲尊德性，其云：“率性之谓道，修道之谓教。”于是有“慎独”“致中”的要求。孔子讲：“道之不行也，我知之矣。知者过之，贤者不及也。道之不明也，我知之矣，贤者过之，不肖者不及也。”李贽是这样解释这一段话的，他说：

> 故圣人之意若曰：尔勿以尊德性之人为异人也。彼其所为，亦不过众人之所能为而已。人但率性而为，勿以过高视圣人之为可也。尧舜与途人一，圣人与凡人一。（《道古录》卷上第十一章）

他还说：

> 以人治人（不是以己治人），若夫不骄不倍，语默合宜，乃吾人处世常法，此虽不曾道问学，而尊德性者或优为之。

这里换一句话说，就是依照百姓的要求来治理众人之事。李贽任知府那三年，就是这样做的。既然承认率性之谓道，那么对每个人之性而言应是平等并存的，故李贽说：

> 千万其人者，各得其千万人之心；千万其心者，各遂其千万人之欲。是谓物各付物，天地之所以因材而笃也，所谓万物并育而不相害也。今之不免相害者，皆始于使之不得并育耳。若肯听其并育，则大成大，小成小，

天下更有一物之不得所者哉？……《平天下》曰：民之所好，好之；民之所恶，恶之。好恶从民之所欲，而不以己之所欲，是之谓“礼”。礼则自齐，不待别有以齐之也。若好恶拂民之性，菑且必逮夫身，况得而齐之耶？（《道古录》卷上第十五章）

从以上论述可知，李贽在讲述《大学》《中庸》时，其思想中已蕴含着原始的民主与平等的思考。所谓“以人治人”，实际上讲的是为官之道，是为百姓服务，不是让百姓被自己奴役。这说的是李贽心目中理想的为官之道，其宗旨正是为人民服务。李贽的叛逆思想，可贵的正是在这些地方。

自万历二十四年（1596年）秋到次年春夏之间，李贽一直在山西沁水之坪上村。在这不满一年的时间内，李贽的心情是愉快的，从他这个时期的诗文也可以看得出来，如他在冬至日所作《至日自讼谢主翁》：

聪明虽不逮，精神未有害。笔秃锋芒少，指柔龙蛇在。宛然一书生，可笑亦可爱！

所幸我刘友，供馈不停手。从者五七人，素饱为日久。如此贤主人，何愁天数九！

当时梅国桢任大同巡抚，致信李贽，邀他去大同暂住。万历二十五年（1597年）的春夏之间，李贽出发赴大同，途经晋阳（今太原）、清凉山（即五台山），仲夏五月到达大同。途中经过桑乾河，有诗《渡桑间》：

逢人勿问我何方，信宿并州即我乡。
明日桑间横渡去，两程又见梅衡湘。

这说明他此行是前往大同与梅国桢相见。抵大同以后，他寄住在云中之僧舍。云中即大同，宋时称云中。李贽有诗《初至云中》：

锡杖朝朝信老僧，苍茫山色树层层。
出门祇觉音声别，不审身真到白登。

李贽在大同僧舍，继续读书著述，著成《孙子参同》，又修订所著《藏书》之世纪八卷与列传六十卷。李贽在大同期间，梅国桢对其“供养甚备”，邀请他观兵大同城东门。七月十五日，梅国祯陪他登大同的乾楼，李贽有诗《乾楼晚眺》，今录其第三首：

中丞绥定后，携我共登临。所喜闻谣俗，非干怀壮心。
山云低薄暮，楼日压重阴。欲归犹未可，此地有知音。

八月间，李贽离开大同赴京，起因是同行的刘用相要回沁水了，故其写信给北京的耿定力，请他在北京西山觅一僧舍。李贽在赴京的路上遇到从宣大抽调去援朝抗倭的将士，有诗《晓行逢征东将士却寄梅中丞》，其下半首云：

傍海何年知浪静，登坛空自拜君恩。
云中今有真颇牧，安得移来觐至尊？

李贽是经过居庸关到通州，九月九日始抵西山极乐寺。也就是这一年的十一月，焦竑因得罪辅臣张位被诬而贬为行人，被谪为福建福宁州同知。在这件事后，李贽写信给焦竑，劝慰其云：

世间戏场耳，戏文演得好和歹，一时总散，何必太认真乎。然性气带得来是个不知讨便宜的人，可奈何！时时得近左右，时时得闻此言，庶可渐消此不自爱重之积习也。……盖祸福常相倚伏，惟至人真见倚伏之机，故宁处忧而不肯处乐。人见以为愚，而不知至人得此微权，是以终身常乐而不忧耳，所谓落便宜处得便宜是也。（《焚书》卷二《与弱侯》）

这是李贽真心待人的话，不以人之起伏而变颜色，没有一点趋炎附势的媚骨。朋友之间，有那么一句老话：“一死一生，乃知交情。一贫一富，乃知交态。一贵一贱，交情乃见。”为人经不起这一点考验的话，都是伪君子、真小人。在这一点上，古今何以为人的标准是一样的，而且是君子小人的试金石，我所见者亦多矣。

十六、李贽晚年的著述

万历二十六年（1598 年），这一年李贽七十二岁了，元日，他由极乐寺外出拜年，不久便与焦竑同舟南下，同回南京。在舟中，李贽选录宋郭象撰《睽车志》中的鬼怪故事，取名《选录睽车志》，谓其“载鬼一车”也。李贽有《〈说弧集〉叙》，其云：

> 《睽车志》，志鬼也。疑其为鬼，则以人与鬼异，遂张弧而欲射之。《说弧集》，集鬼也。集诸鬼说，直以人与鬼同，遂说弧而不之射焉。
>
> 夫人直至于明不见人，幽不见鬼，则幽、明、人、鬼一以贯之矣，何生死之可了，又何涅槃之可期？彼为无鬼之说者，又安知其非通于性命之奥者乎？

蒲松龄的《聊斋志异》，其中之狐鬼比有些人还善良得多，那时批有鬼无害论，简单化了。问题是借鬼的故事说什么，鬼只是说故事的一个道具罢了，实际上说的是人间鬼相，甚至是人不如鬼的事情而已。

李贽在南返的船中，又汇集自己零星的著作，名为《老人行》，为之作叙。此《〈老人行〉叙》概述了其一辈子著述的过程，也讲了他一辈子人生追求之目标，可见老人心地之善良及其心中的苦恼。其云：

> 老人之遁迹于龙湖也，亦多年矣，舍而北游，得无非计乎？何其愈老而愈不惮劳也？夫老人之本心，其大较可知也。大较余之初心，不是欲人成佛，便是欲人念佛耳，而人多不信，可如何！或信矣，而众魔复害之，使之卒不敢信，可如何！因而谤佛沸腾，忧患丛生，终岁闭户而终岁御寇有由也。余虽不欲卒老于行，又可得耶？
>
> 余是以足迹所至，仍复闭户独坐，不敢与世交接。既不与世接，则但有读书耳。故或讽诵以适意，而意有所拂则书之；或俯仰以致慨，而所慨勃勃则书之。故至坪上，则有《道古录》四十二章书；至云中，则有《孙子参同十三篇》书；至西山极乐僧舍，则有《净土诀》三卷书。随手辄书，随书辄梓，不能禁也。又有《坡公年谱》并《后录》三卷，陈正甫约以七八月余到金陵来索。又有《藏书世纪》八卷，《列传》六十卷，在塞上日，

余又再加修订，到极乐即付焦弱侯校阅，托为叙引以传矣。今幸偕弱侯联舟南迈，舟中无事，又喜朋盍，不复为闭户计矣。括囊底，复得遗草，汇为二册，而题曰《老人行》，不亦宜欤！

夫老人初心，盖欲与一世之人同成佛道，同见佛国而已。著书立言非老人事也。而书日益多，言日益富，何哉？然而老人之初心至是亦徒然耳。则虽曰《老人行》，而实则穷途哭也，虽欲不谓之徒然不可矣。

虽然，百世之下，倘有见是书而出涕者，坚其志无忧群魔，强其骨无惧患害，终始不惑，圣域立跻，如肇法师所谓“将头临白刃，一似斩春风”，吾夫子所谓“有杀身以成仁”者，则所著之书犹能感通于百世之下，未可知也。则此老行也，亦岂可遂谓之徒然也乎哉！

这一篇《〈老人行〉叙》，实际上叙述了他离龙湖北上，经沁水、大同，到京师之通州、西山的极乐寺，再到与焦竑联舟南下的经历及其心情，反映了他的赤子之心至老没有改变。人到老而初心未变，没有一点虚情假意，那就很不容易了。抱着“将头临白刃，一似斩春风”的心情，迎接世俗之挑战，寄希望于未来那样的老人行，这一辈子也就值了。

李贽与焦竑一起乘舟，经过山东的聊城、江苏的仪征，初夏抵南京。焦竑回到南京，决计不再做官了，准备定居在南京。李贽就住在焦竑为其修建的精舍，二人一起前去定林庵。定林为周安之法号，周安原为周生之仆，周生病故，他转而侍奉杨道南，随道南终岁读书破寺中，道南又早死，他向焦竑表示愿意剃发为僧。李贽与焦竑一起送周安在云松禅师处落发为僧，取法名为定林。定林虽为仆厮之贱，却诚心修行，李贽赞之曰：

> （定林）肯俯首下心，归礼穷士，日倚檐楹，欣乐而忘其身之贱，必欲为圣人然后已者耶！古无有矣。是宜记，遂为之记。不记庵，专记定林名庵之由。呜呼！道不虚谈，学务实效，则此定林庵真不虚矣。（《焚书》卷三《定林庵记》）

这篇文章反映了李贽心目中凡人与圣人为一的思想。李贽在南京还参观了永庆寺，写了一副夫子自道的对联：

> 少作书生，未见升堂入室。
> 老为庙祝，粗知扫地焚香。

又在壁间书二条幅，充满了辩证思想：

事未至，先一着；事既至，后一着。

无事常如有事时提防；有事常如无事时镇静。

李贽还写信给吴世征，讨论师友问题。其云：

学道人脚跟未稳当，离不得朋友；脚跟既稳当，尤离不得朋友。何者？友者有也，故曰道德由师友有之，此可以见朋之不可离矣。然世间真友难得，而同志真实友尤其难得。古人得一同志，胜于同胞，良以同胞者形，而同志者可与践其形也。孔、孟走遍天下，为着甚么？无非为寻同志焉耳。昨见佘常吉（永宁），诚是足下同志，从此日夕不离，真实参究大事，未有不同明者。然无常迅速，时不待人，愿与常吉勉之！（《续焚书》卷一《与吴得常》）

可见“同志”这一概念由来久矣，在李贽的书信之中多次出现。“同志”这一称呼，在近代为国共两党所沿用，孙中山临终前称：“革命尚未成功，同志仍需努力。”共产党员把同志作为最尊贵的称呼，为了同志可以牺牲一切，这也是共产党能团结一致，取得革命胜利的基础。同志这一词是由朋友演化而来，朋友是五伦之一，晚明泰州学派及李贽把朋友的关系置于其他四伦之上，我们要感谢李贽张扬了“同志”这一概念的意义。为了同志们的共同目标，我们有“将头临白刃，一似斩春风”不怕牺牲的精神，也就是毛泽东“为有牺牲多壮志”的革命精神，故我们应该感谢李贽开了革命思想的先河。除了“同志”，“觉悟”这个词也是李贽开的先河，如果忘了“同志”，丢了“觉悟”，热衷于官称，那就抛弃了平等的精神，那可是一种背叛啊！不忘初心，就是忠诚的一种表现！

十七、李贽晚年在南京的三件事

李贽在南京这一段时间，值得注意的有三件事。一件是他在南京与意大利传教士利玛窦有过三次会面。利玛窦作为耶稣会的传教士，最初的目的是去印度传教，万历十年（1582 年）到达澳门，开始了在中国传教的生活。他传教的方式是尽可能使天主教本土化，强调要使天主教的教义“合儒”“补儒”“趋儒”。他接受中国的祖先崇拜，剃发，穿僧服。但后来发现僧人在中国世俗社会中地位不高，又换上儒服。利玛窦在万历二十三年（1595 年）写了一本《交友论》，借此与中国士大夫交往。万历二十六年（1598 年），王忠铭前往北京，道经南昌，带利玛窦同行，在南京作短暂停留。那时李贽也在南京，两个人有过三次会面，利玛窦与焦竑亦有交往。利玛窦送了一本《交友论》给李贽，也许这本《交友论》成了二人相识的契机。两个人都重视交友，强调朋友之间的师友关系，李贽还曾向人推荐过利玛窦的这本《交友论》。他在这一年写了一篇《与友人书》，记录了二人交往的过程，此文收在《续焚书》卷一，其文云：

> 承公问及利西泰，西泰大西域人也。到中国十万余里，初航海至南天竺(即印度)始知有佛，已走四万余里矣。及抵广州南海，然后知我大明国土先有尧、舜，后有周、孔。住南海肇庆几二十载，凡我国书籍无不读，请先辈与订音释，请明于《四书》性理者解其大义，又请明于《六经》疏义者通其解说。今尽能言我此间之言，作此间之文字，行此间之仪礼，是一极标致人也。中极玲珑，外极朴实，数十人群聚喧杂，雠对各得，傍不得以其间斗之使乱（这是描述他见利玛窦时的情况）。我所见人未有其比，非过亢则过谄，非露聪明则太闷闷瞶瞶者，皆让之矣。
>
> 但不知到此何为，我已经三度相会，毕竟不知到此何干也。意其欲以所学易吾周、孔之学，则又太愚，恐非是尔。

从李贽这一段文字可知，这三次交往过程中，李贽大体了解了利玛窦的来历及其表现，也符合当时的实际情况。这时利玛窦尚未进京，有一点李贽还是有思考的，即西方传教士来中国究竟为了什么？也想到了他们想以西方天主教文化来取代中国的传统文化和儒家学说，不过又认为这个想法太愚蠢了，这是不可能的事。李贽这一点还是有先见之明，比晚清一些学者推重西学东渐的历史要高明一些。一个民族对自己祖祖辈辈相传的文化没有一点自信，那怎么行呢？晚明西方传教士在中国的传教活动，有一定的影响，也带来了一些西方的科学技术，但其思想上的影响毕竟有限，即使在士大夫中间，也只是对少数人产生一些影响，它不可能冲击和改变中国整个思想文化的传统。故西方传教士在明清之际对中国社会的影响，还应具体情况具体分析，应当避免那种迎合西方学者所谓国际化潮流的倾向，对过度夸大明清之际传教士在中国社会发展中作用的著作，笔者持保留态度。

另一件事，是在前一年的十二月，援朝的明军在朝鲜半岛失利，在釜山周边，忽有伪报倭海上扬帆而来，杨镐不及下令，策马西奔，诸军没有统御，皆溃，军士死者万余。明军撤还汉城，诸营上簿书，士卒亡者二万。杨镐谎报军情，称尉山大捷，此实内阁张位、沈一贯手书其票拟尚未下之旨意，颂扬功伐，而东征赞画丁应泰把这件事揭开了，劾论张位、沈一贯结交边臣，扶同欺蔽，杨镐则饰罪张功。为此六月间杨镐被罢听勘，而张位以推荐杨镐被削籍为民，沈一贯反而升为内阁首相。李贽这一年在栖霞山歇夏，有《复焦弱侯》一信，信中提到："丁公此举大快人意！大快生平！亦大有功于朝廷矣。从此大有儆省，大有震惧，不敢慢法以自作殃，何可当哉此疏也耶！"

李贽的《焚书》与《续焚书》中许多信札都是公开的，当这封信的内容被当局者如沈一贯得知，那双方当然结怨。信中说的丁公，即东征赞画丁应泰。李贽这封信揭露的阁臣不仅有诬害焦竑的主谋张位，此外还有沈一贯。当时沈一贯并未去职，有人将此信告知沈一贯，沈一贯当然会怀恨在心，这就为后来李贽之死埋下了伏笔。

李贽这次在南京值得关注的第三件事，便是《藏书》之刻印和发行。李贽起意草拟此书，应在万历十年（1582 年），当时他五十六岁，寓居于黄安。《藏书》有初步规模则应是在万历十六年（1588 年），那年他六十二岁，将书稿送焦竑审阅。经过多次修改和补充，到万历二十六年（1598 年）的九月才刻印完毕，他已经七十二岁了，该书历时长达十六年才完成。焦竑为此书写了序言，介绍了李贽的著作有三种，分别是《藏书》《焚书》《说书》。《藏书》刻于南京，《焚书》与《说书》刻于麻城。《藏书》分为世纪与列传两个部分，共六十八卷，世纪有八卷，列传有六十卷。世纪从东西周开始，到元为止，列传则列举了春秋战国到元末的八百名历史人物。李贽依照自己的观点，把历史人物分为八类，每一类别都有李贽的评论，如《纪传总目前论》《后论》《大臣总论》《富国名臣总论》《智谋名臣总论》《德业儒臣前论》《后论》《武臣总论》《外臣总论》《吏隐外臣总论》，在许多传中都有李贽的评语，称李卓吾曰、卓吾曰、李子曰。我们知道，在此之前中国的史书中，作为通史体例的，编年体有司马光的《资治通鉴》，纪事的有袁枢的《通鉴纪事本末》，制度通史有杜佑的《通典》、郑樵的《通志》与马端临的《文献通考》，纪传体的通史有司马迁的《史记》，此后从《汉书》起，都是断代史的天下。李延寿的《南史》《北史》，也只是几个朝代合在一起的断代史。李贽写《藏书》的构想，也许是想写部如《史记》那样的纪传体通史。《史记》还有十表、八书、诸侯国的世家，《史记》的重点在春秋、战国到秦汉，此前就从略了。李贽《藏书》那么长的时间段，要全部齐备《史记》的体例就困难了，所以只能留下纪与传这两个体裁。传按照人物分类纵向论列，在规模上便难以与《史记》比拟了。即使如此，从体例上讲，李贽的《藏书》也不失为一种尝试。在叙述上，李贽有自己的特点，不完全是诸断代史人物分类的汇总，而是夹叙夹议。在议论上有他独到的地方，语言尖锐泼辣，一反传统的观念，富于批判的精神，这一点正是《藏书》有价值的地方，对后人思考历史有很大启发。

十八、李贽对儒家的批判

李贽对儒家始终抱持一种批判的态度，如他在《世纪列传总目前论》中称“以孔子之是非为是非，故未尝有是非耳”，历代统治者所作的政治结论，往往是“昨日是而今日非矣，今日非而后日又是矣”，都是相对的、有时限的，很难成为绝对的东西，这一点对今人也有启发意义。如他称秦始皇为千古一帝，一反儒生的观点，把陈涉列在本纪，称其为匹夫首创。李贽在《世纪列传总目后论》中贬低儒臣，认为“名臣未必知学而实自有学”，“儒臣虽名为学而实不知学，往往学步失故，践迹而不能造其域”。李贽针对汉代元、成、哀、平时期的儒臣误国之事，强调“受人家国之托者，慎无刻舟求剑，托名为儒，求治而反以乱”，“则儒者之不可以治天下国家，信矣”。因而李贽对后代的儒家，无论汉学还是理学，都抱批评的态度。李贽在《藏书·世纪总论》中提出治乱与文质之间的周期性关系，实际是提出了中国历史上的周期律问题，其云：

一治一乱若循环，自战国以来，不知凡几治几乱矣。方其乱也，得保首领，已为幸矣。幸而治，则一饱而足，更不知其为粗粝也。一睡为安，更不知其是广厦也。此其极质极野无文之时也，非好野也，其势不得不野，虽至于质野之极，而不自知也。迨子若孙，则异是矣，耳不闻金鼓之声，足不履行阵之险，惟知安饱是适而已，则其势不极文固不止也，所谓“其作始也简，其将毕也必巨”，虽神圣在上，不能反之于质与野也。然文极而天下之乱复起矣，英雄并生，逐鹿不已，虽圣人亦顺之尔。

治乱在中国历史上周而复始地反复出现，从社会风气这个视角看，它与质文之间往复相关，盛世往往是衰世的起点。李贽在《许敬宗传》之末，有一段议论，讲西晋武帝时的风气，其云：

世谓晋人多风致，何曾日食万钱，风致尚矣，曾尝指诸孙曰：尔辈必及于难。怀愍二主首领不保，何有于金谷园，何有于石季伦、潘安仁、张茂先、陆士衡诸名士等哉。然则（何）曾之智早矣。（《藏书》卷三八《儒臣传·词学儒臣》）

西晋这个王朝便败在其子孙手上，八王之乱，不就是司马氏的子孙搞起来的吗？司马氏以诈起家，报应在其子孙身上，掘祖坟的正是自己的子孙辈。再说唐代开元、天宝的盛世，接下来的乱世便启于安史之乱。故看一个社会的趋势，还是要看其主流风气，是勤俭持国、厉行节约的风气占主导，还是以奢侈豪华为尚的风气为主流，这始终是一个阶段内社会治乱兴衰的标志性符号。县里面的城隍庙与土地庙都变成高楼大厦了，那就不是一个好兆头。《红楼梦》中贾府那个轰轰烈烈的场面，最终还只能是食尽鸟投林，落了片白茫茫大地真干净。人言还是自己的儿孙好，总不至于掘自家的祖坟，其实不然，真正掘祖坟的往往正是自己的不肖儿孙辈，这是为中国千百年来各个王朝的历史所反复验证了的。治乱与文质周而复始的规律不能改变，而周期的长短却因人的认知是可以改变的。

在如何用人的问题上，李贽在《藏书》卷二十二《名臣传·智谋名臣论》中表示，他不喜欢那类真正节义之臣，他认为：

> 士之有智谋者，未必正直；正直者，未必有智谋，此必然之理也。世之贵正直久矣，余谓惟智谋之士不用，而后正直之臣见节义之行始显耳。节义者，败亡之征也，东汉之末事可见矣。夫惟国家败亡，然后正直节义之士收其声名，以贵于后世，则何益矣。……汉兴，陈平之谋居多，平非惟有定天下之勋，亦且有安社稷之烈。

所以曹操在建安十五年“唯才是举”之令有其合理的一面，曹操重用的将领，便有不少是从袁绍那儿过来的，曹操并不追究张辽、张郃的历史问题，郭嘉也是先到袁绍再到曹操那儿的，只有吕布因为反复无常而被曹操所杀。李贽认为，“智谋之士可贵也，若夫惇厚清谨，士之自好者亦能为之”。他们的特点是：“以之保身虽有余，以之待天下国家缓急之用则不足，是亦不足贵矣。”（《藏书》卷二十二《名臣传·智谋名臣论》）用人还得看人的才能与时势的需要，有一点必须注意，乡愿式的人物千万用不得，他们成事不足，败事有余。

战国时期荀、孟二派，李贽倾向于荀子，他在《荀卿传》后称：

> 荀与孟同时，其才俱美，其文更雄杰，其用之更通达而不迂，不晓当时何以独抑荀而扬孟轲也。中间亦尊周孔，然非俗所以尊者，亦排墨子，亦非十二子，然亦非世俗之所以排所以非者。（《藏书》卷三二《儒臣传·德业儒臣》）

他批评孟子的“王霸之辨则舛谬不通甚矣”，最能代表孟子王霸之辨的，当以董仲舒所言：

> 正其谊不谋其利，明其道不计其功，是以仲尼之门，

五尺之童羞称五霸，为其先诈力而后仁义也。苟为诈而已，故不足称于大君子之门也。

李贽批判董仲舒时指出：“夫欲正义，是利之也。若不谋利，不可正矣。吾道苟明，则吾之功毕矣；若不计功，道又何时而可明也？”他指出，董仲舒讲灾异不是为了利吗？自己差一点为此送了命，赦免以后，不敢复言灾异，不正是为了保身吗？怎么不讲利呢？李贽在《孟轲传》中说：

夫子曰：“微管仲，吾其被发左衽矣。”“一匡天下，民到于今受其赐。”二百余年之周，借是以延长不灭，谁之功耶？而以谓“无道桓文之事”，可欤？盖孟氏徒知夫子小管仲之器，而不知夫子实心服管仲之功也，其小仲之器者，亦大概为门弟子云耳。（《藏书》卷三二《儒臣传·德业儒臣》）

李贽在《孟轲传附乐克论》中，强调士大夫要有一点狂狷的性格。狂者，任性傲慢；狷者，耿直不阿于世，为人要如此，作文也要如此。他说：

文章亦然，李谪仙、王摩诘，诗人之狂也。杜子美、孟浩然，诗人之狷也。韩退之文之狷，柳宗元文之狂，是又不可以不知也。汉氏两司马，一在前可称狂，一在后可称狷。狂者不轨于道，而狷者几圣矣，虽心源莹彻，未知何如。予独怪其论人物，定是非，古今前后，一眼觑破，如日镜之于形影也。如死者复生立而在于前，相对语笑，复欷歔涕泣感慨抵掌搤腕而不能已也。苏氏兄弟，一为狂，一为狷，坡公论议节概颇与谪仙相似，第犹有耿耿忠爱之意，卒至坎壈以死，亦其宜耳。当其时，君相知之矣，但所谓知公者，亦不过以其才之奇耳，则谓之不知公亦可也，其殆孔北海称正平之狂与。嗟夫！世无孔子，则古今天下无真是非。世无司马，则谁为继孔子者。此予之所以语狂狷也，知狂狷则知善人矣。（《藏书》卷三二《儒臣传·德业儒臣》）

李贽这一番对汉代史学、唐宋文学诸人之评论，颇有见地，实际上也是李贽夫子自道也。其为人为文，既狂又狷矣，因其狂而又狷，才能有独到见识。最为精辟的是，李贽在《柳宗元传》末，说了一段评语："柳宗元文章、识见、议论不与唐人班行者，《封建论》卓且绝矣。"难道毛泽东推重柳宗元的《封建论》也是受李贽的启发吗？也许是英雄所见略同，毛泽东要我们标点注释过《旧唐书》的李愬传，而李贽在李愬传下的评语是"大见识力量"。

记得在1958年时，毛泽东曾推荐高级干部读《三国志》的《张鲁传》，而李贽关于张鲁的评语则称：

以鬼道教民，自号师君，其来学道者，已信，号祭酒，大都与黄巾相似。诸祭酒皆作义舍，又置义米肉悬之，行路者量腹取足，若过多，鬼道辄病之。犯法者三原然后行刑，不置长吏，皆以祭酒为治，民夷便乐之，雄踞巴汉垂三十年。（《藏书》卷五七《贼臣传·妖贼》）

更为奇特的一点，李贽在《李勣传》后，有一大段对武则天的评论，李贽说：

试观近古之王，有知人如武氏者乎？亦有专以爱养人才为心，安民为念如武氏者乎？此固不能逃于万世之公鉴矣。夫所贵乎明王者，不过以知人为难，爱养人才为急耳。今观娄、郝、姚、宋诸贤，并罗列于则天之朝，迨及开元，犹用之不尽。如梁公者，殊眷异礼，固没身不替也。宋璟刚正嫉邪，屡与二张为仇，武氏亦不过也。何也？贤人君子，固武氏之所深心爱惜而敬礼者也。彼其视庐陵王、相王懦而不足与有为，不待他日有天下而后见也。然则武氏决非女主也审矣。善乎贾生之言曰：

人主之行异布衣。布衣者，竞小廉，矜小行，人主惟天下安社稷固耳。由此观之，帝王卿相所责者固大矣。（《藏书》卷五六《武臣传 · 贤将》）

李贽这样评价武则天，在当时多少有一点犯忌了。关于《藏书》我就介绍这些，其中可言说者尚有很多。

十九、李贽《遗言》中的生死观

万历二十七年（1599 年）年的秋冬之际，李贽在南京与焦竑等一起读《易》。冬十二月间，河漕总督刘东星遣其子刘用相以信邀李贽赴山东济宁，李贽在《续焚书》卷一《复刘肖川》中说："此时尚大寒，老人安敢出门？又我自十月到今，与弱侯刻夜读《易》，每夜一卦。盖夜静无杂事，亦无杂客，只有相信五六辈辩质到二鼓耳。"李贽建议刘用相接信以后到南京一起来读《易》，刘用相接信后即到南京。

次年，即万历二十八年（1600 年），李贽七十四岁。这年春天，刘东星以漕务巡河到南京，迎李贽前去山东济宁，李贽于三月二十一日到达济宁。李贽在济宁漕署编成《阳明先生道学钞》八卷，并节录成《阳明先生年谱》二卷。李贽对自己编的这部年谱很得意，他在《与汪鼎甫》中称自己做的这件事"至妙，至妙，不可形容"，在《与方伯雨》信中，亦称"此书之妙，千古不容言"。他在济宁漕署，还继续读《易》。此时利玛窦前去北京，途经济宁，他们还见过一面。李贽在济宁，马经纶来会，目的是迎接李贽前往通州。于是李贽与马经纶一起北上，到直沽看海，但之后李贽又想回麻城龙湖，他写信给刘东星称："仆已决意从潞河买舟南适，令郎想必送我到彼，安稳停当，然后回还是的也。"（《续焚书》卷一《答刘晋川》）李贽在这年的夏秋之间回到龙湖，他在《与友人》一信中，说明自己回龙湖的原因，一是"今年病多"，"以病多，故归来就塔"，他准备死了；一是想给寺内众僧讲《法华经》，把《易因》改定，"了此二件，则吾死瞑目矣"。故他是抱着等死的目的回到龙湖的。

但这次李贽回到龙湖，那儿却是多事之秋，麻城当地的官绅不满李贽，称其为"说法教主"，风言要押送其回籍。李贽把麻城的情况告知焦竑，焦竑曾去信劝其还是回到南京相聚。与此同时发生了另一件事，麻城地方反对梅国桢的一伙人与湖广按察司佥事冯应京结合在一起，扬言要"毁龙湖寺，置从游者法"。这件事涉及在龙湖出家为尼的梅国桢之女澹然，诬言其男女混杂，实际上李贽与她们也只是书信问学而已。结果澹然无端遭谤而死，年仅三十七岁。冯应京还纠集人烧了龙湖的芝佛院，拆了李贽的藏骨塔，要驱逐李贽离开龙湖。李贽的朋友李定见事先将他转移藏匿，前往河南商城黄檗山之法眼寺暂住。此时马经纶自通州至麻城问《易》，恰逢李贽遭遇攻击之事，便入法眼寺见李贽，一起读《易》四十日。李贽在黄檗山法眼寺写了篇《圣教小引》，其最后一句是："忠信笃敬行乎蛮貊决矣，而又何患于楚乎？"可见其对麻城龙湖那件荒唐事并没有放在心上。"圣教"二字是指儒家，孔子是圣人嘛，故称儒家为圣教。李贽在这篇短文中回顾了自己一生思想的变化，他说自己"五十以前真一犬也"，"前犬吠形，亦随而吠之，若问以吠声之故，正好哑然自笑也已"。说明五十岁以前，也就是他在南京与耿定理、焦竑等一起讨论学问之前，他对学问还是人云亦云，没有独立思考的精神；"五十以后，大衰欲死"，是讲自己在五十岁以后，反思自己所学的东西，有一个否定的过程。在他与耿定向的辩论过程中，把言与行对照起来，把言与其前后左右连贯起来，一反道学虚伪的一面。到了晚年，再读《大学》《中庸》要旨，才能慢慢贯通思想，最后"读《易》三年"，"竭昼夜力，复有六十四卦《易因》锓刻行世"。李贽晚年读《易》，有其长期生活的积叠作底蕴。孔子亦是晚年喜读《易》，《史记·孔子世家》称："孔子晚而喜《易》，序《彖》《系》《象》《说卦》《文言》，读《易》韦编三绝。曰：'假我数年，若是，我于《易》则彬彬矣。'"《易》者，讲事物的变化；因者，则为如何应对事物之变易，这是人们生活中必须应对的现象。李贽一生探索求知的经历，说明人的认识是在实践中，也是在不断碰壁中不断深化的，不断经过否定、否定之否定，没有止境。同时也说明没有什么天才，知识和才能的积累是勤奋学习的结果。李贽许多精辟的见解都源自他勤奋读书认真思考。

李贽在法眼寺时，马经纶还写信给湖广按察司佥事冯应京称:“昔日相访时卓老以道自尊，不相假伪，门下以其慢己，怀恨而去。今日之举得非藉此以报之乎？”（《与湖广冯佥宪》）另作《与当道书》，驳斥所谓“异端惑世”“宣淫”之谰言。次年二月，李贽便随马经纶前往通州，法眼寺主持无念命其侍常慵陪同一路照应李贽。四月间抵达通州，住在马经纶别业，李贽在这儿继续订正《易因》。次年正月李贽患病，袁中道《李温陵传》云：“初公病，病中复定所作《易因》，其名曰《九正易因》，常曰：‘我得《九正易因》成，死快矣。’《易因》成，病转甚。”

万历三十年（1602年），李贽七十六岁，这一年的二月初五，他为自己身后事立下遗言,《续焚书》卷四有《李卓吾先生遗言》:

春来多病，急欲辞世，幸于此辞，落在好朋友之手，此最难事，此余最幸事，尔等不可不知重也。

倘一旦死，急择城外高阜，向南开作一坑：长一丈，阔五尺，深至六尺即止。既如是深，如是阔，如是长矣，然复就中复掘二尺五寸深土，长不过六尺有半，阔不过二尺五寸，以安予魄。既掘深了二尺五寸，则用芦席五张填平其下，而安我其上，此岂有一毫不清净者哉！我心安焉，即为乐土，勿太俗气，摇动人言，急于好看，以伤我之本心也。虽马诚老能为厚终之具，然终不如安余心之为愈矣。此是余第一要紧言语。我气已散，即当穿此安魄之坑。

未入坑时，且阁我魄于板上，用余在身衣服即止，不可换新衣等，使我体魄不安。但面上加一掩面，头照旧安枕，而加一白布中单总盖上下，用裹脚布廿字交缠其上。以得力四人平平扶出，待五更初开门时寂寂抬出，到于圹所，即可妆置芦席之上，而板复抬回以还主人矣。既安了体魄，上加二三十根椽子横阁其上。阁了，仍用芦席五张铺于椽子之上，即起放下原土，筑实使平，更加浮土，使可望而知其为卓吾子之魄也。周围栽以树木，墓前立一石碑，题曰："李卓吾先生之墓。"字四尺大，可托焦漪园书之，想彼亦必无吝。

尔等欲守者，须是实心要守。果是实心要守，马爷决有以处尔等，不必尔等惊疑。若实与余不相干，可听其自去。我生时不著亲人相随，没后亦不待亲人看守，此理易明。

幸勿移易我一字一句！二月初五日，卓吾遗言。幸听之！幸听之！

这一份遗言，是李贽关于自己身后土葬的安排，说得很具体，不用棺木，连一块板材也不用，只有十张芦席、几根木椽、随身日常穿的衣服和一块白布，那是非常简朴的一种土葬方式。李贽原来是准备在龙湖寺塔葬以安置自己的遗体，因龙湖寺塔被毁，他被迫离开龙湖，在自己病时不得不如此先作安置了。李贽有一篇谈生死的短文，题目叫《五死篇》，在人的生死问题上想得很透彻。人的出生大家都一样，从母胎降临到人世，但人的去世，则又有各种不同的死法，他列举了五种死法，其云：

人有五死，唯是程婴、公孙杵臼之死，纪信、栾布之死，聂政之死，屈平之死，乃为天下第一等好死。

此言为义而死，死得壮烈。其又言：

其次临阵而死，其次不屈而死。临阵而死，勇也，未免有不量敌之进，同乎季路。不屈而死，义也，未免有制于人之恨，同乎睢阳。虽曰次之，其实亦皆烈丈夫之死也，非凡流也。又其次则为尽忠被谗而死，如楚之伍子胥，汉之晁错是矣。是为不知其君，其名曰不智。又其次则为功成名遂而死，如秦之商君，楚之吴起，越之大夫种是矣。是为不知止足，其名亦曰不智。虽又次于前两者，然既忠于君矣，虽死有荣也；既成天下之大功矣，立万世之荣名矣，虽死何伤乎？故智者欲审处死，不可不选择于五者之间也。纵有优劣，均为善死。

李贽还说：

丈夫之生，原非无故而生，则其死也又岂容无故而死乎？其生也有由，则其死也必有所为。

然后讲到他自己如何死："第余老矣，欲如以前五者，又不可得矣。""则岂可徒死而死于床褥之间乎？且我已离乡井，捐童仆，直来求买主于此矣。"李贽把如何死看作一买卖矣，他直面死亡，没有任何恐惧，而是思考如何死才能体现生的价值。为人难，如何选择自己死亡的方式，显示生的意义，把死亡也看作战斗的一种方式，这是战士之死。他又说：

此间既无知己，无知己又何死也？大买卖我知其做不成也，英雄汉子，无所泄怒，既无知己可死，吾将死于不知己者以泄怒也。

李贽所谓死于不知己者以泄怒，也就是与生前之对立者斗争到底，吾虽死，我的作品可以让你们永不安宁，这是那些"不知己者"之失败，这便是我死的价值，也是李贽可爱之处。他最后写道："谨书此以告诸貌称相知者，闻死来视我，切勿收我尸！是嘱。"这一篇文章应写于万历二十九年（1601年）到三十年（1602年）之间，麻城龙湖毁塔那件事之后不久，也反映了李贽倔强的性格。生与死不可分，何以死，是对何以生的评价，有的人虽死犹生啊！有的人虽然活着，但他事实上却已经死了，何以为人啊！

二十、李贽之死

李贽的《遗言》写于万历三十年（1602 年）的二月初五日，到二月廿二日，事情就来了，那一年的闰二月之二十二日，礼科给事中张问达秉承首辅沈一贯的旨意，疏劾李贽，《明神宗实录》卷三六九录有此疏之全文，今录其文于下。

> 李贽壮岁为官，晚年削发，……惑乱人心，以吕不韦、李园为智谋，以李斯为才力，以冯道为吏隐，……以司马光论桑弘羊欺武帝为可笑，以秦始皇为千古一帝，以孔子之是非为不足据，狂诞悖戾，未易枚举，大都刺谬不经，不可不毁者也！
>
> 尤可恨者，寄居麻城，肆行不简，与无良辈游于庵，拉妓女，白昼同浴，勾引士人妻女，入庵讲法，至有携衾枕而宿庵观者，一境如狂。又作《观音问》一书，所谓观音者，皆士人妻女也。而后生小子，喜其猖狂放肆，

相率煽惑，至于明劫人财，强搂人妇，同于禽兽而不之恤。迩来缙绅士大夫，亦有捧咒念佛，奉僧膜拜，手持数珠以为律戒，室悬妙像以为皈依，不知遵孔子家法，而溺意于禅教沙门者，往往出矣。

近闻贽且移至通州，通州距都下仅四十里，倘一入都门，招致蛊惑，又为麻城之续。望敕礼部檄行通州地方官，将李贽解发原籍治罪，仍檄行两畿各省，将贽刊行诸书，并搜简其家未刊者，尽行烧毁，毋令贻祸乱于后，世道幸甚。

接下来，便是明神宗的批语：

李贽敢倡乱道，惑世诬民，便令厂卫五城严拿治罪。其书籍已刊未刊者，令所在官司尽搜烧毁，不许存留。如有党徒曲庇私藏，该科及各有司访参奏来，并治罪。

那么，这一大段御批是否真是明神宗自己写的呢？不是，当时明神宗并不亲政，那些御批的文字，皆是首辅代笔拟旨，然后由司礼监之秉笔太监批红，就成为皇帝的御旨下达了，明神宗是否真的知道这件事也很难说。那么沈一贯为什么要抓李贽呢？当初沈一贯与张位同在内阁，二人与援朝的辽东巡抚杨镐有私下的往来，当杨镐兵败，其丧师酿乱之事，是沈一贯、张位一起与杨镐交结欺蔽朝廷。事发后，李贽在《复焦弱侯》一信中，称赞了揭发这件事的援朝军赞画主事丁应泰。张位事发后罢官，沈一贯成为内阁首辅，李贽来到通州，当然成为沈一贯的一块心病，这是他要抓李贽的原因。

当天李贽便被捕入狱了，袁中道的《李温陵传》记载了李贽被捕时的情况，其云：

> 至是逮者至，邸舍匆匆，公以问马公(经纶)。马公曰："卫士至。"公力疾起，行数步，大声曰："是为我也。为我取门片来！"遂卧其上，疾呼曰："速行！我罪人也，不宜留。"马公愿从。公曰："逐臣（指马）不入城，制也。且君有老父在。"马公曰："朝廷以先生为妖人，我藏妖人者也。死则俱死耳。终不令先生往而己独留。"马公卒同行。至通州城外，都门之牍尼马公行者纷至，其仆数十人，奉其父命，泣留之。马公不听，竟与公偕。明日，大金吾置讯，侍者掖而入，卧于阶上。金吾曰："若何以妄著书？"公曰："罪人著书甚多，具在，于圣教有益无损。"大金吾笑其倔强。狱竟，无所置词。

李贽便就如此被收监了，马经纶在外百般营救，为李贽辩解。

关于李贽在狱中的情况，马经纶在《与黄慎辉宫谕书》中称："惟曰：'衰病老朽，死得甚奇，真死得所矣，如何不死？'日来呕吐狼狈，便溺不通，病苦至极，惟愿一捧了当为快耳！"李贽系狱日久，有诗《不是好汉》，表示自己唯求速死。

> 志士不忘在沟壑，勇士不忘丧其元。我今不死更何待，愿早一命归黄泉。

系狱一个月，李贽风闻要被敕回原籍，张问达疏劾也只提出"将李贽解发原籍治罪"，李贽在狱中说："我年七十有六，死耳，何以归为。"又说："我一七十老矣，昔李将军（李广）义不对簿，我不可后之。"袁中道《李温陵传》云：

> 一日（三月十五日），呼侍者剃发。侍者去，遂持刀自割其喉，气不绝者两日。侍者问："和尚痛否？"以指书其手曰："不痛。"又问曰："和尚何自割？"书曰："七十老翁何所求！"遂绝。

李贽去世的时间是三月十六日夜子时，地点是在北京镇抚司狱中，《明神宗实录》卷三六九却称："贽逮至，惧罪，不食死。"

李贽之死，虽死犹生，《明神宗实录》所记载的依靠权势所定之是非，可靠吗？礼科给事中张问达弹劾李贽的那些罪名，能成立吗？明神宗的批示能成立吗？要完全焚毁李贽著作之命令能实现吗？不仅当时被禁毁，到了清代，李贽的著作亦被列为禁书。《四库全书总目》集部之别集存目中著录有《李温陵集》二十卷，除了介绍各卷的内容之外，还有一段评语，其云：

> 贽非圣无法，敢为异论。虽以妖言逮治，惧而自刭，而焦竑等盛相推重，颇荧众听，遂使乡塾陋儒，翕然尊信，至今为人心风俗之害。故其人可诛，其书可毁，而仍存其目，以明正其为名教之罪人，诬民之邪说，庶无识之士不至怵于虚名，而受其簧鼓，是亦彰瘅之义也。

这样的结论站得住脚吗？从张问达的疏状，到《四库全书总目》的评语，都是权势者所定的结论，所明之是非，都经得起事实和历史的检验吗？事实证明，无论古今，权势者凭权势所定之结论都不可靠，都只是过眼云烟，为什么如此？因为这些论断都以权势者之私利为指归，故必然为历史和真理所否定，这一点是古今通则，不可能有例外。权势都只是一时的，其生命非常短暂，真正能世世代代活在人们心中的是道义。李贽去世于万历三十年（1602 年），距今已有四百余年，这四百余年的历史，是李贽的思想影响深远呢，还是那个凭权势所作之结论影响深远呢？真正的结论已很明确了。

李贽死后，怀念他的诗文数不胜数，现只举在他去世十七年之后，有汪本钶刻印其《续焚书》并作序，今录序中两段话以作结束语。其云：

> 先生一生无书不读，无有怀而不吐。其无不读也，若饥渴之于饮食，不至于饫足不已；其无不吐也，若茹物噎而不下，不尽至于呕出亦不已。以故，一点撺自足天下万世之是非，而一咳唾实关天下万世之名教，不但如嬉笑怒骂尽成文章已也。盖言语真切至到，文辞惊天动地，能令聋者聪，瞶者明，梦者觉，酲者醒，病者起，死者活，躁者静，聒者结，肠冰者热，心炎者冷，柴栅其中者自拔，倔强不降者亦无不意频而心折焉。
>
> 嗟乎，人谁不死，独不得死所耳！一死而书益传，名益重。盖先生尝自言曰："一棒打杀李卓老，立成万古之名。"一棒与引决，等死耳，先生岂死名者哉！至于今十有七年，昔之疑以释，意以平，怒以消。疑不惟释且信，意不惟平且喜，怒不惟消且德矣。海以内无不读先生书者，无不欲尽先生之书而读之者，读之不已或并其伪者而亦读矣。

可见权势对李贽的打压，反而成全了他，扩大了他的影响。李贽之死，死得其所，反之当年扼杀李贽者成为历史之罪人矣。这反映了一条真理，凭权势以打压天下之学者，反而使自己陷入万世不复之劫难矣，权势之两重性，亦由此而显矣。孟子说："说大人，则藐之。"换一句话讲，凡事要坚持道义或者真理，那就应敢于藐视高高在上的大人物之一切错误的言论，没有这个勇气，那就不可能成为一个有道义的人。李贽一生之行事，他读书一生，著作一生，也证实了这条真理，不以个人之得失论人、论事、论史以及为官，生命才有真正的价值。

下篇

毛泽东晚年辑录《史纲评要》二十三篇释读

咸以孔子之是非为是非，故未尝有是非耳。夫是非之争也，如岁时然，昼夜更迭，不相一也。昨日是而今日非矣，今日非而后日又是矣。虽使孔夫子复生于今，又不知作如何非是也，而可遽以定本行罚赏哉！

说　明：关于毛泽东晚年阅读李贽《史纲评要》

《毛泽东年谱》记载，1974年7月，毛泽东指示有关人员注释和印制大字本的李贽《史纲评要》（辑录），并亲自指定辑录其中二十三条。

据《史纲评要》一书的《出版说明》介绍，该书是李贽评论历史的一部著作。李贽的生平前文已经述及，清康熙年间《麻城县志》记载，李贽五十多岁弃官后，“讲学麻城，喜龙湖风景，止焉。其在龙湖所辑书，曰《初潭》《史纲》《藏书》《焚书》《因果录》等”。新中国成立后，《焚书》与《藏书》都曾出版，《史纲评要》则没有引起出版界的关注。《史纲评要》与《藏书》不同，《藏书》是以纪传的方式，《史纲评要》则以编年为次序，依事类、人物，摘录史文，李贽通过眉批、夹批、段后评和对史文的圈、点、抹等方法，对历史人物和历史事件发表自己的评论，其评论有许多独到之处。万历四十一年（1613年），吴从先刊印《史纲评要》于南京，此时李贽已经逝世十一年。此前明人姚舜牧在李贽死后七八年刊印了《史纲要领》一书，二者评语有的内容相近，有的则针锋相对，可见其中混杂有他人评语，故阅读时还要持分析的态度。《史纲评要》共有三十六卷，时间从三皇五帝到元顺帝止，共有一百四十三位君王之事迹，每个君王在位时间又有若干条目，合在一起当有千条以上，毛泽东仅从其中选了二十三条。毛主席在 1974 年 7 月间提出印制大字本之二十三条辑录之事，中华书局在这一年的 11 月便出版了《史纲评要》，分上、中、下三册，全书多达五十八万字。

关于辑录大字本的事，是毛主席在《史纲评要》上亲自选辑，除个别条目基本保留原文，其他则只删少数几个字，如第五条《评孟子不言利》。每一条标题都是毛泽东加的，他对每段文字加以删节，使主旨更加鲜明。这二十三条是毛主席选定的，反映了当时他要我们印制古文中传记与散文之要义，某种意义上是他在那个时期总结中国历史上一些重大问题的经验教训，以此启迪自己解决现实生活中遇到的问题。这二十三条的时限起于春秋战国止于三国，按时间区分的话，春秋战国时期有九条，秦代有五条，两汉有五条，三国有四条。仔细分析这二十三条内容及其内在联系，对毛泽东晚年重读之史传、散文，可以有一个总揽全局的整体感受。诸如对历史上交接班问题的思考，如第一条《评管仲》、第十二条《评秦二世继位》。国家用人，无非是何以用相，何以用将，第一条《评管仲》、第二条《评吴起》，谈的便是这个问题。第三条《评商鞅、申不害》，是对改革家的肯定。第五条《评孟子不言利》，是谈中国历史上的义利之辨。第十八条《评盐铁之议》，是谈发展国营事业，在今天仍有现实意义。对历史人物的评议，李贽亦多有独到之处。如第十条《评秦始皇置郡县》，是对秦始皇的评议。对刘邦的评议有两条，第十五条《评刘邦痛骂郦食其》、第十六条《评刘邦击筑自歌》。对曹操的评论共有三条，第二十条《评曹操》、第二十一条《评曹操之陈留起兵》、第二十二条《评曹操建安十五年令》。对诸葛亮的评论有一条，第二十三条《评诸葛亮》。这些人物评论，表达了李贽对古代儒法两家争论的认识和评判。毛泽东喜欢他推崇法家、贬斥儒家的观念，如第七条《评荀况之学》、第八条《评韩非》，都是在肯定法家的代表人物。他对儒家持贬斥态度，若第十七条《评董仲舒》、第十九条《评儒生献谶》。李贽在评语中赞扬吴起、申不害、商鞅等都是“英雄”“好汉”，认为荀况的学问“真实有用，与俗儒不同”，韩非如果被任用，一定不会比李斯差。他歌颂秦始皇“掀翻一个世界”，“挣得一个天下”，是一个千古英雄。他贬斥赵高、胡亥之宫廷政变为“可胜诛哉！”他为《史记》把李斯与赵高同列一传鸣冤，认为李斯是龙，赵高是蛆。他称刘邦痛骂郦食其“竖儒几败乃公事”为“快论”，他评刘邦击筑唱《大风歌》为“亦壮亦悲”，称曹操之建安十五年令为“大英雄语”。李贽对每一条的评语，都简明扼要，把话说到点子上，而且通俗易懂。如果真要理解其深刻内涵和毛泽东选择这些条目所包含的深意，那还得去翻阅相关条目的原文，通过史著记载联系历史上相关的事件和人物，设身处地去换位思考，才能有比较深刻的体会。如果只是随手翻翻，没有深入去读书思考，则难以理解毛主席亲自作此辑录的深远内涵。有的问题极为尖锐深邃，有的则要站在相应的位置上，遇到相似的问题时，才可意会，无法言传。这都是毛主席亲自花力气给后人留下的重要历史遗产，有兴趣的读者可以自己通过阅读原文及相关史书去体会其中的深刻意蕴。

李贽在《史纲评要》中对传说的“三皇五帝”直至元代的人、事和言论都加以简短评论，毛主席亲自辑录的这二十三条内容正是该书最为精华的部分，显示出他对相关人物之言与事掌握得非常精准，这为我们读中国历史提供了一个切入点，同时也可看到那时他对历史的关注点。略举数例，便可知道毛主席观察历史典故的锐利眼光。这二十三条的主旨，实际上围绕着那个时期尊法评儒这个议题。为了便于读者理解，特为各条之史实作一些补充和说明。每条皆先录李贽所引原文，其次之【评】为李贽评语，再以【释】略加解释研析，以供读者参考。

第一条　评管仲

仲卒，公不用仲言，近用三子，三子专权。及桓公卒，五公子争立，易牙立无亏，世子昭出奔。

【评】

三子在侧，而独任为政四十年，卒成霸业，管子何如人。

【释】

这一条是讲相的重要，以管仲生前和身后的对比，说明管仲是齐国的顶梁柱，只有任管仲这样的人为相，才能称霸诸侯。他在与不在，听不听他的意见，大不一样。关于管仲的为政，《史记·管晏列传》称："其为政也，善因祸而为福，转败而为功。"文中举了几个案例，其云：

桓公实怒少姬，南袭蔡，管仲因而伐楚，责包茅不入贡于周室。桓公实北征山戎，而管仲因而令燕修召公之政。於柯之会，桓公欲背曹沫之约，管仲因而信之，诸侯由是归齐。故曰：“知与之为取，政之宝也。”

管仲在齐执政的四十年，易牙、开方、竖刁三人都未能败坏齐政。当然，管仲并非没有不足之处，孔子便曾批评说：“管仲之器小哉！”（《论语·八佾》）但孔子还是肯定了管仲的长处，他说：“管仲相桓公，霸诸侯，一匡天下，民到于今受其赐。微管仲，吾其被发左衽矣！”（《论语·宪问》）评价一个历史人物，还是要从大处看。另一方面人无完人，看历史人物是如此，看现实生活中的人物也是如此，不要绝对化，要有分析，这对后人有利。孔子对齐桓公的评价是“正而不谲”（《论语·宪问》），即作风正派而不诡谲，反过来他也容易轻信他人之诡诈，如他对身边的易牙等三子没有足够的警惕。关于竖刁和易牙，《韩非子·二柄》称：“齐桓公妒外而好内，故竖刁自宫以治内；桓公好味，易牙蒸其子首而进之。”《史记·齐太公世家》称：

管仲病，桓公问曰：“群臣谁可相者？”管仲曰：“知臣莫如君。”公曰：“易牙如何？”对曰：“杀子以适君，非人情，不可。”公曰：“开方如何？”对曰：“倍亲以适君，非人情，难近。”公曰：“竖刁如何？”对曰：

“自宫以适君，非人情，难亲。”管仲死，而桓公不用管仲言，卒近用三子，三子专权。

管仲死后两年，齐政便乱了。齐桓公病，五公子各树党争立，冬十月，齐桓公卒，“易牙人，与竖刁因内宠杀群吏，而立公子无诡为君”。无诡即李贽所言无亏。诸公子遂相攻，“桓公尸在床上六十七日，尸虫出于户”。桓公之子无诡立三月死，齐人将立太子昭，四公子之徒攻太子，太子奔宋，宋败齐四公子师而立太子昭，是为齐孝公。齐国内乱前后长达十个月，至次年八月齐桓公才得以安葬。

第二条　评吴起

吴起者，卫人。……文侯以为将，击齐拔五城。起为将，与士卒最下者同甘苦，卒有病疽者，起为吮之。

【评】

自是好汉伎俩，莫轻觑他。以此猛力，赴道不难。与世上好人依门傍户者，何啻千里！

【释】

毛泽东选择这一段文字和评语的要领，是对如何为将的要求，将、相这二者是为国不可缺少的人才。李贽这一段文字见于《史记·孙子吴起列传》，司马迁把吴起与孙武并列一传，作为战国时兵家的代表人物。《史记》载："吴起者，卫人也，好用兵。"《史记·魏世家》称：

文侯（指魏文侯）受子夏经艺，客段干木，过其闾，未尝不轼也。秦尝欲伐魏，或曰："魏君贤人是礼，国人称仁，上下和合，未可图也。"文侯由此得誉于诸侯。

故魏文侯是一个有文化，又能礼贤下士、识人用人的君王，"任西门豹守邺，而河内称治"。李悝言吴起善于用兵，魏文侯遂启用吴起为将，《史记·吴起列传》称："魏文侯以为将，击秦，拔五城。"李贽所引"击齐"应为"击秦"之误，他所引吴起为将的文字，《史记》载：

起之为将，与士卒最下者同衣食。卧不设席，行不骑乘，亲裹赢粮，与士卒分劳苦。卒有病疽者，起为吮之。卒母闻而哭之。人曰："子卒也，而将军自吮其疽，何哭为？"母曰："非然也。往年吴公吮其父，其父战不旋踵，遂死于敌。吴公今又吮其子，妾不知其死所矣。是以哭之。"文侯以吴起善用兵，廉平，尽能得士心，乃以为西河守，以拒秦、韩。

从《史记·孙子吴起列传》这一段文字来看，为将者，不仅要知己知彼地善于用兵，而且要爱护士卒，与士卒同衣食，分劳苦，平等相待，才能得士兵之力。战争毕竟要靠士兵的勇敢战斗，才能取得胜利。这一点是为将者必备的素质，如果军官与士兵处于对立关系，那就很难打胜仗，武器在士兵手上，逼急了甚至会调转枪口对准指挥官。而良好的官兵关系，不是朝夕之间就能培养起来的，如吴起那样是千日之功，依靠长期积累形成官兵之间生死相依的关系，这才是为将者的根本素质。

军官贪腐的直接受害者是士兵，明朝灭亡的一个重要因素是军官冒领和克扣士兵的军饷，结果士兵哗变，倒戈相向。当然，吴起也不是没有缺点，魏文侯时的改革家李悝便说他“贪而好色”，这里所说的贪，不是贪财，而是指过于追求战功和荣誉。对一个好的将领，也不能求全责备，为君者用其既能带好士兵，又能打胜仗，要打胜仗必须智勇双全。毛主席一生爱将如命，珍宝岛事件以后，中苏关系紧张，1969 年 6 月他在武汉读《南史》，在《陈庆之传》上批“再读陈庆之传，为之神往”。

李贽对吴起的评价甚高，说他是一条好汉，赞扬他不依傍门户，那是讲吴起在楚国的事。《史记·孙子吴起列传》载：

> 楚悼王素闻起贤，至则相楚。明法审令，捐不急之官，废公族疏远者，以抚养战斗之士。要在强兵，破驰说之言从横者。于是南平百越；北并陈蔡，却三晋；西伐秦。

所谓不依傍门户，是指他得罪楚之贵戚，“楚之贵戚尽欲害吴起”。言其“赴道不难”，是指他具有为了自己的理想和事业宁死不屈的精神，史载：

> 及悼王死，宗室大臣作乱而攻吴起，吴起走之王尸而伏之。击起之徒因射刺吴起，并中悼王。悼王既葬，太子立，乃使令尹尽诛射吴起而并中王尸者。坐射起而夷宗死者七十余家。

李贽对吴起的评价还是非常中肯的。

李贽的《史纲评要》第一条讲的是相，这第二条讲的是将，将相和睦相处，如廉颇与蔺相如，那是国之大幸，在这一点上，吴起的表现也是好的。魏文侯死后，武侯初立，以田文为相，吴起与田文之间有过一次对话，《史记·孙子吴起列传》载：

> 吴起为西河守，甚有声名。魏置相，相田文。吴起不悦，谓田文曰：“请与子论功，可乎？”田文曰：“可。”起曰：“将三军，使士卒乐死，敌国不敢谋，子孰与起？”文曰：“不如子。”起曰：“治百官，亲万民，实府库，子孰与起？”文曰：“不如子。”起曰：“守西河而秦兵不敢东乡，韩赵宾从，子孰与起？”文曰：“不如子。”起曰：“此三者，子皆出吾下，而位加吾上，何也？”

文曰：“主少国疑，大臣未附，百姓不信，方是之时，属之于子乎？属之于我乎？”起默然良久，曰：“属之子矣。”文曰：“此乃吾所以居子之上也。”吴起乃自知弗如田文。

这段文字说明吴起有自知之明，另一方面这也是一次将相和，毛主席在这个问题上非常羡慕古人，由此可见毛泽东当时辑录这两条，寓意深远。

第三条　评商鞅、申不害

鞅欲变法，……行之十年，……乡邑大治。

申不害学黄老刑名，……昭侯用为相，……国治兵强。

【评】

如商、如申，俱是好汉。

【释】

此条李贽所引商鞅的内容，出自《史记·商君列传》：“孝公既用卫鞅，鞅欲变法。”“行之十年”亦见本传，其全文为：“行之十年，秦民大说，道不拾遗，山无盗贼，家给人足。民勇于公战，怯于私斗，乡邑大治。”

申不害这一条，引自《史记·老子韩非列传》：“申不害者，京人也，故郑之贱臣。学术以干韩昭侯，昭侯用为相。内修政教，外应诸侯，十五年。终申子之身，国治兵强，无侵韩者。申子之学，本于黄老而主刑名。著书二篇，号曰《申子》。”《史记·韩世家》亦有记载：“（昭侯）八年，申不害相韩，修术行道，国内以治，诸侯不来侵伐。……二十二年，申不害死。”申不害为相十五年，是连头到尾一起计算。

商鞅与申不害二人，商鞅强调法制的改革，申不害以术行道。术者，指君王如何管理好属下之官僚队伍，以保证改革措施顺利实施。二人主张的法与术的关系，韩非在《定法》篇有一论断：

> 今申不害言术，而公孙鞅为法。术者，因任而授官，循名而责实，操杀生之柄，课群臣之能者也，此人主之所执也。法者，宪令著于官府，刑罚必于民心，赏存乎慎法，而罚加乎奸令者也，此臣之所师也。君无术则弊于上，臣无法则乱于下，此不可一无，皆帝王之具也。

关于申不害所言黄老刑名，这里的“黄”是托名黄帝的一个流派，“老”即老子，他的代表作便是《道德经》。古代托名黄帝的著作甚多，如《黄帝内经》便是托名黄帝的一部医书。1973年长沙马王堆汉墓出土的帛书《老子》有甲卷和乙卷本，其中乙卷本之前有《经传》《十六经》《称》《道原》四篇古佚书，后人称之为《黄帝四经》，应当是战国时的作品，其中有一个思想观点与老子及法家是相通的，即强调因顺自然。如《十六经·兵客》：

“天地刑（形）之，圣人因而成之。”《称》：“圣人不为始，不专己，不豫谋，不为得，不辞福，因天之则。”这个观念与老子的“天下神器，不可为也。为者败之，执者失之”的观念是一致的。唯其无为，才能无所不为，说到底还是因顺事物的客观法则而已。黄老思想与申商之术在战国到秦汉，是一脉相承的。汉初曹参为齐丞相，《史记·曹相国世家》称：

> 闻胶西有盖公，善治黄老言，使人厚币请之。既见盖公，盖公为言治道贵清静而民自定，推此类具言之。参于是避正堂，舍盖公焉。其治要用黄老术，故相齐九年，齐国安集，大称贤相。

曹参继萧何为汉相，黄老思想成为汉初的统治思想，如晁错早年亦“学申、商刑名于轵张恢生所”，言其跟随轵县之书生姓张名恢者学习申商刑名之学。可见从战国到秦汉，黄老与申商刑名为同一思想流派，申不害的思想便是本于黄老、以刑名为主的法家思想。

毛主席对李贽“如商、如申，俱是好汉”的评语持肯定的态度，《史纲评要》一书选有《史记·商君列传》及韩非子的相关内容，商鞅与韩非子都属于法家改革人物，显示出李贽对他们的肯定。社会经过一定时期的发展，总要积累一些矛盾，如何处理相关矛盾，为改革家提供了有所作为、推动历史前进的机会，无论其改革成功还是失败，无论从其个人而言是得还是失，其中的经验教训对于后人来说都是宝贵的财富。改革是一个很尊贵的名词，使用这个名词一定要名实相副，不能太滥，用滥了有损其声誉。

第四条　评商鞅不从赵良劝说

赵良见商君，商君问曰：子观我治秦，孰与五羖大夫贤？”赵良曰：“……今君之从政也，陵轹公族，残伤百姓，……此数者非所以得人也。君之危若朝露。”商君弗从，居五月而难作。

【评】

如此恋功名，即大英雄不免矣。若后世功名之士何足道！

【释】

商鞅见赵良之事，见于《史记·商君列传》：“商君相秦十年，宗室贵戚多怨望者。”赵良见商鞅，商鞅求教益于赵良，赵良表示：“仆弗敢愿也。”为什么？赵良说：“仆闻之曰：‘非其位而居之曰贪位，非其名而有之曰贪名。’”因而不敢受命。这个话实指商鞅当时已太贪于既得之名位。商鞅追问赵良：“子不说吾治秦与？”赵良回答说：“反听之谓聪，内视之谓明，自胜之谓强。”赵良的意思是你商鞅现在如日中天，听不进反面的意见，缺乏自知之明，不能战胜自己的缺失之处，说白了，也不会有什么效果。于是商鞅进一步提出：“子观我治秦也，孰与五羖大夫贤？”五羖大夫即百里奚，其事见于《史记·秦本纪》，百里奚本是虞国的大夫，晋献公灭虞，虏虞君与百里奚，以为秦穆公之夫人作媵于秦，媵即随嫁的奴仆。而百里奚亡秦走宛，楚鄙人执之。穆公闻百里奚贤，以五张公羊皮把百里奚赎回秦国。“当是时，百里奚年已七十余，穆公释其囚，与语国事……授之国政，号曰五羖大夫。”羖指公羊之羊皮。赵良称百里奚相秦六七年，“东伐郑，三置晋国之君，一救荆国之祸。发教封内，而巴人致贡；施德诸侯，而八戎来服”，此言百里奚之事功。又称：“五羖大夫之相秦也，劳不坐乘，暑不张盖，行于国中，不从车乘，不操干戈，功名藏于府库，德行施于后世。”此言百里奚为相时不贪名位。“五羖大夫死，秦国男女流涕，童子不歌谣，舂者不相杵。此五羖大夫之德也。”司马迁在《商君列传》中借赵良之口，以百里奚来反衬商鞅之失，相比之下，“君之出也，后车十数，从车载甲，多力而骈胁者为骖乘，持矛而操闟戟者旁车而趋。此一物不具，君固不出。书曰：‘恃德者昌，恃力者亡。’君之危若朝露……”赵良还指出：“君尚将贪商於之富，宠秦国之教，畜百姓之怨，秦王一旦捐宾客而不立朝，秦国之所以收君者，岂其微哉？亡可翘足而待。”对于赵良这一番话，商鞅不肯听从，“居五月而难作”是指二人对话五个月之后，“秦孝公卒，太子立。公子虔之徒告商君欲反，发吏捕商君。”以前商鞅将以法惩太子，“太子，君嗣也，不可施刑，刑其傅公子虔，黥其师公孙贾”。如今太子即位成了秦惠王，公子虔当然要对商鞅算这笔老账。于是商鞅逃亡至魏国，“魏人怨其欺公子卬而破魏师，弗受”。商鞅本称卫鞅，当年秦孝公使商鞅率师伐魏，“魏使公子卬将而击之。军既相距，卫鞅遗魏将公子卬书曰：‘吾始与公子欢，今俱为两国将，不忍相攻，可与公子面相见，盟，乐饮而罢兵，以安秦魏。’魏公子卬以为然。会盟已，饮，而卫鞅伏甲士而袭虏魏公子卬，因攻其军，尽破之以归秦”。于是魏惠王被迫割河西之地向秦国求和，随后又迁都大梁。秦国因此封於、商之地十五邑给卫鞅，遂称商鞅，因号商君。魏国因此不纳商鞅入魏，商鞅只能回到秦国商邑，发邑兵去攻打郑地。秦发兵攻商君，杀之于郑之渑池。秦惠王车裂商君以徇，“遂灭商君之家”。《史记·商君列传》所记此事之经过大体如此。

李贽的评语：“如此恋功名，即大英雄不免矣。若后世功名之士何足道！”李贽在此称其为大英雄，前一篇则称其为好汉，可见他对商鞅这个人物还是抱肯定的态度。恋功名，指其为立功不择手段，贪名位，不能归於、商之十五邑。《老子》第四十四章有言：“名与身孰亲？身与货孰多？得与亡孰病？”商鞅不懂这个道理，把个人之名位看得太重，因此得罪人太多而积怨蓄祸。《老子》第五十八章：“福兮，祸之所伏。”在功成名就时，不知道要退一步，以全身避祸。这不仅是商鞅的缺失，也是历代贪恋名位之士共同的问题。当然，有时候要退也很难，如曹操、诸葛亮，到了那个位置，在那个时间点上要退也很难。有的早已越过个人名位的概念，而时势的发展有一个身不由己的问题，有人喜欢拿华盛顿来相比，其实国情与时势不同，对大英雄们的结局，也得具体情况具体分析。

第五条　评孟子不言利

初，孟子师子思，尝问："牧民之道，何先？"子思曰："先利之。"孟子曰："君子所以教民，亦仁义而已矣。何必利？"子思曰："仁义固所以利之。"

【评】

何故不许梁王说利？

【释】

毛主席辑录此条时，只删去了开头"孟轲至魏"四字，其余皆为《史纲评要》原文。子思是孔子的孙子，《史记·孔子世家》称："孔子生鲤，字伯鱼。伯鱼年五十，先孔子死。伯鱼生伋，字子思，年六十二。尝困于宋。子思作《中庸》。"相传子思受业于曾参，《汉书·艺文志》著录《子思》二十三篇，今已佚，后人以《礼记》中的《中庸》《坊记》《表记》《缁衣》诸篇为子思的作品。《史记·孟子荀卿列传》记载："孟轲，驺（通邹）人也。受业子思之门人。"子思与孟子之间似难有对话的机会。《中庸》有一处讲到利：

> 天下之达道五，所以行之者三。曰：君臣也，父子也，夫妇也，昆弟也，朋友之交也。五者，天下之达道也。知、仁、勇三者，天下之达德也。所以行之者一也。或生而知之，或学而知之，或困而知之，及其知之，一也。或安而行之，或利而行之，或勉强而行之，及其成功，一也。（《中庸·第二十章》）

这是从正面叙述以利驱动人之行为。把义与利统一起来，亦见于《大学》。这是曾子的作品，其中有"国不以利为利，以义为利"，此处所言"以义为利"之义本质上也是国家公共利益最大化，从这个视角讲，义和利是统一的。故李贽所引子思之言"仁义固所以利之"从逻辑上也是说得通的。

《资治通鉴》卷二周纪二周显王三十三年（前336年）载：

> 邹人孟轲见魏惠王。王曰："叟，不远千里而来，亦有以利吾国乎？"孟子曰："君何必曰利，仁义而已矣！君曰何以利吾国，大夫曰何以利吾家，士庶人曰何以利吾身，上下交征利而国危矣。未有仁而遗其亲者也，未

有义而后其君者也。”王曰：“善。”

初，孟子师子思，尝问：“牧民之道，何先？”子思曰：“先利之。”孟子曰：“君子所以教民，亦仁义而已矣，何必利？”子思曰：“仁义固所以利之也。上不仁则下不得其所，上不义则下乐为诈也。此为不利大矣。故《易》曰：‘利者，义之和也。’又曰：‘利用安身，以崇德也。’此皆利之大者也。”

司马光对此也有一段很好的议论，今录其文于下。

臣光曰：子思、孟子之言，一也。夫唯仁者为知仁义之利，不仁者不知也。故孟子对梁王直以仁义而不及利者，所与言之人异故也。

司马光为孟子辩解，孟子之所以这么说，是因为其所言之对象是梁惠王的缘故。李贽《史纲评要》录孟子与子思的对话，评语中又提到孟子批评梁惠王言利，将《资治通鉴》所载两段文字结合起来，可知李贽所引原文录自《资治通鉴》。司马光《资治通鉴》所载子思之言出自《子思子》一书，南宋晁公武《郡斋读书志》录有《子思子》七卷，在提要中亦摘录该段文字，称“温公采之，著于《通鉴》”。

李贽评语“何故不许梁王说利？”这一问的确很精辟，比司马光要更彻底一些。这件事见于《孟子·梁惠王》，即上文《资治通鉴》所载“邹人孟轲见魏惠王”之文字。孟子之言把仁义和利在概念上对立起来，无论国与国之间，还是一国内部，中央与地方，国家集体与个人之间都有利益上的相互关系，这个利益关系既有互相依存的一面，也有互相对立之处，问题是如何正确处理利益上的纠纷和矛盾。所谓仁义，无非是利益关系上从大局着眼，照顾好方方面面的相互关系。毛泽东同志肯定李贽这一条评语，说明他也承认，上至国家与国家之间，下至个人与他人之间，都存在着一定的利益关系。人们对自身的利益追求，无非表现为一种欲望。这一点，荀子在《礼论》篇的开头，便讲得比孟子高明，他是承认人们都有自身利益需求的。这是人类社会私有制出现以后，人们对利益追求之本能的表现。荀子说：

> 礼起于何也？曰：人生而有欲，欲而不得，则不能无求；求而无度量分界，则不能不争；争则乱，乱则穷。先王恶其乱也，故制礼义以分之，以养人之欲，给人之求，使欲必不穷乎物，物必不屈于欲，两者相持而长，是礼之所起也。故礼者，养也。

其实“争”是客观存在，不是不要竞争，而是要有规范，有争，也应有谦让，借以避免因争而引起乱局。礼义包括法制都是为了防止因利益纷争引起乱局，也是为了节制人与自然的关系。我们不是讲双赢吗？那是既承认争，也要管控，使竞争有度，以取得互利的结果。

毛泽东在李贽《史纲评要》中挑选这一条，是因为他赞同李贽对孟子的评判，他承认人与人之间存在利益关系，当年他讲十大关系，无非是讲国家与集体和个人的关系、中央与地方的关系，各方面的利益关系如何正确处理。他强调限制资产阶级法权问题的观念实际上包括两个方面，一个方面是承认人与人之间存在等级式的利益关系，另一个方面承认商品交换和货币，实际上也就是承认私有化的社会存在，他强调的是要加强管理。从某种意义上讲，人们对个人欲望的追求是无止境的，资本人格化的表现不就是如此吗？总得考虑他人、集体、国家的公共利益，个人私利的追求不能无限制地扩大化。对义利之辨这个古老的命题，应该持分析的态度，不应当偏向极端，任何偏向极端的做法都是没有前途和出路的。

第六条　评范雎说秦王

范雎日益亲，用事，因说秦王曰："……闻秦有太后、穰侯，不闻有王。……四贵备而国不危，未之有也。臣恐万世之后有秦国者，非王子孙也。"王以为然。于是废太后，逐穰侯、高陵、华阳、泾阳君于关外。

【评】

以揽权要秦王，正如以肉啖虎耳。然强公室，杜私门，自是正论。

【释】

毛泽东看重李贽评语的是"强公室，杜私门，自是正论"。李贽在《史纲评要》中摘录关于此事的文字皆来自《史记·范雎蔡泽列传》。范雎，魏人，字叔，先事魏中大夫须贾，曾随须贾使于齐国，回国后遭受冤屈被笞责。秦使者王稽自魏带雎归秦，王稽荐于秦昭王，改名张禄。昭王之立，是因为秦武王早卒无子，立异母弟为王位继承人，是为昭王。昭王之母为楚人，姓芊氏，又作芈氏，号宣太后。电视剧《芈月传》的故事之历史背景就出于此，我这里要叙述的可不是故事，而是要告诉大家历史的真实情况，古书特别是《史记》如何记载这位历史人物以及相关的历史事件。芈为楚之先姓，《郑语》："融之兴者，其在芈姓乎！"融与熊同音相通，此谓楚王族熊姓，出于芈姓。故不仅秦晋之间有姻亲关系，秦楚之间亦有姻亲关系。秦武王死时，昭襄王质于燕，燕人送归，得立。那一年昭襄王十七岁，至昭襄王三年始冠，只有二十岁。在秦昭王自燕归国即位之初，秦宫廷内部经历过一场大的斗争，《史记·六国年表》载秦国是年"桑君为乱，诛"。《秦本纪》载昭王二年（前305年），"庶长壮与大臣、诸侯、公子为逆，皆诛，及惠文后皆不得良死，悼武王后出归魏"。母以子贵，这实际上是宣太后借其子为王之势，发动的一次宫廷政变，夺取了秦国的权力。当然，这一次政变离不开其弟魏冉的帮助。魏冉即魏厓，《史记·穰侯列传》称魏厓"惠王、武王时任职用事"，"武王卒，诸弟争立，唯魏厓力为能立昭王。昭王即位，以厓为将军，卫咸阳。诛季君之乱，而逐武王后出之魏，昭王诸兄弟不善者皆灭之，威振秦国。昭王少，宣太后自治，任魏厓为政"。电视剧《芈月传》便是以宣太后为中心人物讲的这一段历史故事，其中芈月早年的青春生活，以及与春申君青梅竹马的恋情都是虚构的，真实的历史仅仅是这部电视剧的影子，真正支撑宣太后政治地位的还是她的弟弟魏冉。魏冉在秦昭襄王十二年（前295年）继樗里疾、楼缓之后开始为相，十五年（前292年）免相，至二十六年（前281年）复为丞相。范雎见昭襄王时，正是魏冉执政势力最盛的时期，魏冉背后有其姊宣太后即秦昭王之母亲的支持。魏冉为相那些年还是有功的，秦国的名将白起起用于这个历史时期，为秦国立下了许多功业，而魏冉也由此显得骄横。范雎随王稽入秦时，与魏冉有过一次偶遇，《史记·范雎蔡泽列传》称：

> 至湖，望见车骑从西来。范雎曰："彼来者为谁？"王稽曰："秦相穰侯东行县邑。"范雎曰："吾闻穰侯专秦权，恶内诸侯客，此恐辱我，我宁且匿车中。"有顷，穰侯果至，劳王稽，因立车而语曰："关东有何变？"曰："无有。"又谓王稽曰："谒君得无与诸侯客子俱来乎？无益，徒乱人国耳。"王稽曰："不敢。"即别去。范雎曰："吾闻穰侯智士也，其见事迟，乡者疑车中有人，忘索之。"于是范雎下车走，曰："此必悔之。"行十余里，果使骑还索车中，无客，乃已。王稽遂与范雎入咸阳。

范雎见昭王的时间应在秦昭王三十六年（前271年），那一年秦昭王已五十一岁，其母宣太后也应是快七十岁的人了，当时秦国大权还是在魏冉手中，秦国的国力盛极一时，故《史记·范雎蔡泽列传》称："当是时，昭王已立三十六年。南拔楚之鄢郢（即楚国都城，今湖北之江陵），楚怀王幽死于秦。"楚怀王在秦国幽死是秦昭王十一年（前296年）的事，当时楚怀王先后亡奔于赵、韩，皆不纳，被秦军俘虏后幽死，可见那时秦国很强盛。《史记·范雎蔡泽列传》称："秦东破齐。湣王尝称帝，后去之。数困三晋。厌天下辩士，无所信。"在这样的背景下，范雎入秦，怎能不改姓换名谨小慎微呢？当时秦有四贵，都与宣太后有亲缘关系，而且相权和兵权都在四贵手上。《史记·范雎蔡泽列传》称："穰侯、华阳君，昭王母宣太后之弟也；而泾阳君、高陵君皆昭王同母弟也。穰侯相，三人者更将，有封邑，以太后故，私家富重于王室。"即使有非常亲近的血缘关系，帝王的权力也是排他性的，范雎游说秦昭王能够成功的原因正在于此，然而进说也要看机会。"及穰侯为秦将，且欲越韩、魏而伐齐纲寿，欲以广其陶封。"（《史记·范雎蔡泽列传》）《史记·秦本纪》在这一年记载："客卿灶攻齐，取刚、寿，予穰侯。"刚、寿皆在今山东兖州地区，这是借国家的兵力以肥私家的封邑，而且离秦国本土甚远，因而成为范雎游说秦昭王的机会，但是也不能明说。范雎上书秦昭王，其中有这样一句话："臣闻善厚家者取之于国，善厚国者取之于诸侯。"这句话可是古今相通的，势贵之家的富厚无非是变着法子化国有资产为私有财产，他们的传声筒变着法子鼓吹私有化，这就是华盛顿共识的要害所在。“善厚国者取之于诸侯”同样古今相通，新中国成立之初，第一笔国有资产便是来自没收官僚资本，也就是蒋、宋、孔、陈四大家族在大陆的资产。换句话说，要富国，不能老是把眼睛盯着农民的土地，稍微约束一下世家大族的官僚资本，就可以有丰厚的收益。范雎这句话打动了秦昭王，“于是秦昭王大说，乃谢王稽，使以传车召范雎”。

范雎与秦昭王相会，也有一段生动的故事情节，《史记·范雎蔡泽列传》记其事云：

> 于是范雎乃得见于离宫，详（通佯）为不知永巷（指宫中妃嫔居住的深宫，时为宣太后之居处）而入其中。王来而宦者怒，逐之，曰：“王至！”范雎缪为曰：“秦安得王？秦独有太后、穰侯耳。”欲以感怒昭王。昭王至，闻其与宦者争言，遂延迎，谢曰：“寡人宜以身受命久矣，会义渠之事急，寡人旦暮自请太后；今义渠之事已，寡人乃得受命。窃闵然不敏，敬执宾主之礼。”范雎辞让。是日观范雎之见者，群臣莫不洒然变色易容者。

在这段叙述中，范雎与宦官争吵时所言“秦安得王？秦独有太后、穰侯耳”，是为了激怒秦昭王，有点题的作用。秦昭王虽然已经五十岁出头，在后宫一切仍要仰仗于宣太后，在朝廷中则一切仰仗穰侯魏冉，没有独立自主的机会。范雎的话挑明了秦昭王的心事，而秦昭王的话也证实了范雎所言不虚，昭王旦暮都要请示宣太后。秦昭王在永巷如此迎接范雎，群臣对范雎当然也就刮目相看了。需要指出的是，义渠是甘南一个羌族的族名，《史记·匈奴列传》记载："秦昭王时，义渠戎王与宣太后乱，有二子。宣太后诈而杀义渠戎王于甘泉，遂起兵伐残义渠。"由此可知，义渠王与宣太后确实有着暧昧不清的关系。

秦昭王与范雎二人谈话的场景，《史记·范雎蔡泽列传》称：

> 秦王屏左右，宫中虚无人。秦王跽而请曰："先生何以幸教寡人？"范雎曰："唯唯。"有间，秦王复跽而请曰："先生何以幸教寡人？"范雎曰："唯唯。"若是者三。秦王跽曰："先生卒不幸教寡人邪？"

"跽"，长跪，此言秦昭王双膝着地而求教于范雎者三次。唯唯，此言范雎始终支支吾吾，不敢明言。最后范雎说："非敢然也。"指自己不敢明言，问题是能不能深谈。范雎的解释是：

> 今臣羁旅之臣也，交疏于王，而所愿陈者皆匡君之事，处人骨肉之间，愿效愚忠而未知王之心也。此所以王三问而不敢对者也。臣非有畏而不敢言也。臣知今日

言之于前而明日伏诛于后，然臣不敢避也。大王信行臣之言，死不足以为臣患，亡不足以为臣忧，漆身为厉被发为狂不足以为臣耻。

范雎这一大段话，包括他与秦昭王相互关系上之各种可能性有好几个层次，需要仔细体味。二人之间答身份不同，秦昭王是王者，范雎是流亡的说客，二者在关系上还比较疏远。第二层意思，范雎还不知道秦昭王的心思如何，谓说者与听者是否想到一处，否则的话，说者逆鳞而言则召祸，何况所言之事牵涉到秦昭王骨肉之间即母子之间的关系。宣太后与秦昭王为母子关系，魏冉即穰侯是宣太后之弟，是秦昭王的舅舅，华阳君亦是太后之弟，而泾阳君、高陵君都是秦昭王的同母兄弟，这样骨肉之间的矛盾，一般情况下岂容得外人从中言说呢？尽管他们之间有骨肉之亲，但从国家关系上讲，仍有公室与私门之区分。从“强公室，杜私门”这一点上讲，尽管此事关系到骨肉之间、母子之间、兄弟之间、舅甥之间的关系，但谈论起来也是理所应当的，关键是秦昭王有没有这番心思。假如秦昭王没有这个意思，那么范雎今日言于昭王之前，明日便会以离间骨肉之罪伏诛于刑场，这在当时也是很正常的情况。再说，如果秦昭王相信范雎之言，那还有行得通行不通的问题，也就是成与败的问题，那也具有很大的风险。范雎说“死不足以为臣患”，是指自己被杀，秦昭王不必为自己忧虑。

中国近代史上的戊戌变法，从宫廷权力斗争的角度讲，也就是慈禧太后与光绪皇帝之间权力斗争的问题，光绪皇帝以失败告终，以谭嗣同为首的六君子便以身赴死了。“漆身为厉被发为狂不足以为臣耻”，指的是如果不死的话，逃亡在外，也会如豫让那样为智伯报仇雪耻。豫让的故事见于《史记·刺客列传》：

> 豫让者，晋人也，故尝事范氏及中行氏，而无所知名。去而事智伯，智伯甚尊宠之。及智伯伐赵襄子，赵襄子与韩、魏合谋灭智伯，灭智伯之后而三分其地。……豫让遁逃山中，曰：“嗟乎！士为知己者死，女为说己者容。今智伯知我，我必为报雠而死，以报智伯，则吾魂魄不愧矣。”

豫让为了给智伯报仇，“漆身为厉，吞炭为哑，使形状不可知，行乞于市。其妻不识也”。目的是寻找机会暗杀赵襄子。范雎所言意谓自己游说如果失败，君王受辱，自己不死也必定如豫让那样替君王报仇雪恨。密谋此类重大政治事件，当然有成败两种可能，失败的话，范雎面临两种可能后果，一是被杀，二是逃亡。

范雎在谈话中还说：“箕子、接舆漆身为厉，被发为狂，无益于主。假使臣得同行于箕子，可以有补于所贤之主，是臣之大荣也，臣有何耻？”这里讲的箕子，见于《史记·宋微子世家》：

箕子者，纣亲戚也。……纣为淫泆，箕子谏，不听。人或曰：“可以去矣。”箕子曰：“为人臣谏不听而去，是彰君之恶而自说于民，吾不忍为也。”乃被发详（通佯）狂而为奴。

接舆，是楚之狂人，见于《论语·微子》：

楚狂接舆歌而过孔子曰：“凤兮凤兮，何德之衰？往者不可谏，来者犹可追。已而已而，今之从政者殆而！”孔子下，欲与之言，趋而避之，不得与之言。

《庄子·人世间》的最后一节，亦有相似的记载：

孔子适楚，楚狂接舆游其门曰：“凤兮凤兮，何如德之衰也。来世不可待，往世不可追也。天下有道，圣人成焉；天下无道，圣人生焉。方今之时，仅免刑焉！……”

楚之狂人接舆，对现实不满，认为对过去的问题进谏也没有用，对来世固然可以等待，但也没有什么希望。他声称目前的为政者，看上去都不似有什么大的作为，所以只能佯装疯狂而回避一切现实问题。此言楚之狂人接舆对现实失望，故意装傻而采取逃避的办法。范雎认为如箕子和接舆那样逃避现实的态度无益于当代之贤主，他希望自己有箕子与接舆那样的品德，但是要有益于贤主，那是他最大的荣光。范雎还说：“臣之所恐者，独恐臣死之后，天下见臣之尽忠而身死，因以是杜口裹足，莫肯乡（通向）秦耳。”意谓如果自己因言而死，那么天下智谋之士，再也不敢到秦国来了，那样的话，“足下上畏太后之严，下惑于奸臣之态，居深宫之中，不离阿保之手，终身迷惑，无与昭奸”。如此这般的后果，“大者宗庙灭覆，小者身以孤危，此臣之所恐耳”。这是他为秦昭王设想最坏的结果。至于自己的结局如何呢？他说：“若夫穷辱之事，死亡之患，臣不敢畏也。臣死而秦治，是臣死贤于生。”这是讲自己因此而遭遇穷辱，甚至杀身之祸，只要对秦国的治理有益，那么自己虽死亦贤于生。

从这段长篇的讲话可以知道，范雎开口时，是经过深思熟虑，看清了矛盾的本质。公室与私门之间的矛盾，虽骨肉至亲亦难以调和。事情有成败两种可能，对主客双方各种不同的可能，范雎都层层递进地把话讲透了，但又不是明白地直说，其中的利害得失，秦昭王是可以清楚理解的。范雎这一番讲话，不同于纵横家苏秦、张仪之说辞，他们讲究的是国与国之间的相互关系，而范雎议论的是帝王宫廷内部骨肉之间的权力斗争，亦是常人难以置言之处。范雎从造就言论的环境和气氛入手，层层深入，揭开了秦昭王心中难言之隐，而又不那么赤裸裸地落下任何把柄。秦昭王听了这一番肺腑之言后的反应是积极的，感到范雎确实是赤胆忠心为了自己和宗庙社稷，因而表示接受范雎为自己策划和处理这些困难问题。《史记·范雎蔡泽列传》载：

> 秦王跽曰："先生是何言也！夫秦国辟远，寡人愚不肖，先生乃幸辱至于此，是天以寡人慁先生而存先王之宗庙也。寡人得受命于先生，是天所以幸先王，而不弃其孤也。先生奈何而言若是！事无小大，上及太后，下至大臣，愿先生悉以教寡人，无疑寡人也。"

秦昭王见范雎能如此推心置腹地向自己表达忠心，他也积极回应范雎所言，认为范雎不必多虑：你范雎能来秦国，是苍天以使我能思想开窍，从而保存先王之宗庙。希望你不要抛弃我，不要有那么多的顾虑，无论事之大小，上及太后，下及大臣，尽管畅所欲言地教诲于我，不要对我有任何疑虑。

范雎游说秦昭王之策略，亦分两步走，先言外事，然后言内事。外事讲穰侯伐齐之失策，先说秦闭关十五年，不能东向窥兵于山东六国者，是穰侯越韩、魏而攻齐之刚、寿失策，这样越人之国而远攻齐，本来是穰侯为了自己扩充势力，正确的策略应是远交近攻，交齐而攻韩、魏。秦昭王接受了范雎的建议，以范雎为客卿谋兵事，先后伐魏、韩二国取得军事上的胜利。通过对韩、魏作战，范雎直接掌控了兵权，然后与秦昭王言内事，那也要等待数年之后，范雎乘间说秦王曰：

臣居山东时，闻齐之有田文，不闻其有王也；闻秦之有太后、穰侯、华阳、高陵、泾阳，不闻其有王也。夫擅国之谓王，能利害之谓王，制杀生之威之谓王。今太后擅行不顾，穰侯出使不报，华阳、泾阳等击断无讳，高陵进退不请。四贵备而国不危者，未之有也。为此四贵者下，乃所谓无王也。然则权安得不倾，令安得从王出乎？臣闻善治国者，乃内固其威而外重其权。穰侯使者操王之重，决制于诸侯，剖符于天下，政適（当为“征敌”）伐国，莫敢不听。战胜攻取则利归于陶（陶的地理位置在今山东定陶，范蠡陶朱公经商居住之地，为当时交通要道。其云战胜得地利归于陶，因为那是秦国在关外的飞地），国弊御于诸侯（此言国力弊于对诸侯的征伐）；战败则结怨于百姓，而祸归于社稷。

范雎还说：

今自有秩以上至诸大吏，下及王左右，无非相国之人者。见王独立于朝，臣窃为王恐，万世之后，有秦国者非王子孙也(穰侯魏冉是宣太后之弟,是楚姓,秦国嬴姓)。

秦王听了范雎这一番对内事的分析后，史载：

> 昭王闻之大惧，曰：“善。”于是废太后，逐穰侯、高陵、华阳、泾阳君于关外。秦王乃拜范雎为相。收穰侯之印，使归陶，因使县官给车牛以徙，千乘有余。到关，关阅其宝器，宝器珍怪多于王室。

《史记·穰侯列传》亦载其事云：

> 昭王于是用范雎。范雎言宣太后专制，穰侯擅权于诸侯，泾阳君、高陵君之属太侈，富于王室。于是秦昭王悟，乃免相国，令泾阳之属皆出关，就封邑。穰侯出关，辎车千乘有余。

这实际上是秦昭王发动了一次宫廷政变，其条件是范雎从议兵事起便掌握了兵权，宣太后也死在这一年，当时她已是七十六岁的老人了，儿子废了母后，还不把母后给活活气死！再说穰侯与华阳君在当时年事已高，大概在七十岁左右，高陵、泾阳略小于秦昭王，亦在五十岁以上，这些人生活奢侈惯了，也就没有反抗的力量。当时秦昭王也已经五十八岁了,《史记·范雎蔡泽列传》记载:“秦封范雎以应,号为应侯。当是时,秦昭王四十一年也。”而穰侯魏冉最终卒于陶,也就葬在陶,秦国复收陶为郡,实际上陶成为秦国在关东地区借以制衡诸侯的一块飞地。秦昭王十七岁自燕归国即王位,做了四十一年的儿皇帝,到了这时候才翻过身来。当年范雎的讲话中,最打动他的是“擅国之谓王,能利害之谓王,制杀生之威之谓王”,王者手执二柄,即决策之权与赏罚之柄,没有这两条就很难制衡整个官僚机器。

李贽评语中“以揽权要秦王,正如以肉啖虎耳”,前半句讲的是范雎如何帮助秦昭王夺回权力。所谓揽权,也就是借政变以夺取国家的权力,讲的是事实。“以肉啖虎”,这个虎讲的是秦昭王作为王者所具有的虎气,也就是霸气。关于这一点,不妨读一下《史记·白起王翦列传》的相关记载。白起是秦昭王时期秦国的名将,战功显赫。《史记·白起王翦列传》记载:

> 白起者,郿人也。善用兵,事秦昭王。昭王十三年,而白起为左庶长,将而击韩之新城。是岁,穰侯相秦,举任鄙以为汉中守。其明年,白起为左更,攻韩、魏于伊阙,斩首二十四万,又虏其将公孙喜,拔五城。起迁为国尉。涉河取韩安邑以东,到乾河。明年,白起为大良造。攻魏,拔之,取城小大六十一。明年,起与客卿

错攻垣城，拔之。后五年，白起攻赵，拔光狼城。后七年，白起攻楚，拔鄢、邓五城。其明年，攻楚，拔郢，烧夷陵，遂东至竟陵。楚王亡去郢，东走徙陈。秦以郢为南郡。白起迁为武安君。武安君因取楚，定巫、黔中郡。昭王三十四年，白起攻魏，拔华阳，走芒卯，而虏三晋将，斩首十三万。与赵将贾偃战，沈其卒二万人于河中。

白起的这些赫赫战功都是在魏冉为相时期所立，秦昭王亲政是在昭王四十一年（前266年）之后，白起仍是秦国将领的中坚，《史记·白起王翦列传》续云：

昭王四十三年，白起攻韩陉城，拔五城，斩首五万。四十四年，白起攻南阳太行道，绝之。四十五年，伐韩之野王。野王降秦，上党道绝。……四十六年，秦攻韩缑氏、蔺，拔之。四十七年，秦使左庶长王龁攻韩，取上党。上党民走赵。赵军长平，以按据上党民。四月，龁因攻赵。赵使廉颇将。……廉颇坚壁以待秦，秦数挑战，赵兵不出。……

其后秦用反间计，赵王以赵括代廉颇为将以击秦，秦使白起为上将军。赵括至，则出兵击秦军，而秦奇兵二万五千人绝赵军后，秦坚壁垒，“赵卒不得食四十六日”。“赵括出锐卒自搏战，秦军射杀赵括”，括军败，卒四十万人投降。白起“挟诈而尽坑杀之”，“前后斩首虏四十五万人”。四十八年（前259年）九月，秦复发兵，使五大夫王陵攻赵邯郸。四十九年（前258年）正月，陵攻邯郸，少利。

《史记·白起王翦列传》续云：

> 秦王欲使武安君代陵将，武安君言曰：“邯郸实未易攻也。且诸侯救日至，彼诸侯怨秦之日久矣。今秦虽破长平军，而秦卒死者过半，国内空。远绝河山而争人国都，赵应其内，诸侯攻其外，破秦军必矣。不可。”秦王自命，不行；乃使应侯请之，武安君终辞不肯行，遂称病。……楚使春申君（黄歇）及魏公子（即信陵君无忌）将兵数十万攻秦军，秦军多失亡。武安君言曰：“秦不听臣计，今如何矣！”秦王闻之，怒，强起武安君，武安君遂称病笃。应侯请之，不起。於是免武安君为士伍，迁之阴密。武安君病，未能行。居三月，诸侯攻秦军急，秦军数却，使者日至。秦王乃使人遣白起，不得留咸阳中。武安君既行，出咸阳西门十里，至杜邮。秦昭王与应侯群臣议曰：“白起之迁，其意尚怏怏不服，有馀言。”秦王乃使使者赐之剑，自裁。……武安君之死也，以秦

昭王五十年十一月。死而非其罪，秦人怜之，乡邑皆祭祀焉。

白起之死反映了秦昭王之虎气的另一面，虎气固然是强悍之霸气，但亦有自噬的另一面。《史记·范雎蔡泽列传》记载，白起自杀之后，范雎荐郑安平，使击赵，“郑安平为赵所围，急，以二万人降赵，应侯席藁请罪，秦之法，任人而所任不善者，各以其罪罪之。……后二岁，王稽为河东守，与诸侯通，坐法诛。而应侯日益以不怿”。

李贽《史纲评要》摘录了蔡泽与范雎的对话，其云：

吁！君何见之晚也。夫四时之序，成功者去。夫身名俱全者，上也。名可法而身死者，次也。商君、吴起、大夫种，其尽忠杀身可愿矣？进君怨已就而德已报，意欲至矣。而（今君对时局）无变计，窃为君危之。

这是蔡泽告诫范雎，如今形势已发生变化，昭王的地位已经变了，他对你也已报答了，如何应对形势发展过程中出现的新的问题和矛盾，你也拿不出好的办法，如此这般下去，你与秦昭王的关系，便很难善始善终了，你应如范蠡那样，功成身退。于是范雎荐蔡泽以自代，因谢病请归相印，秦昭王挽留，应侯称病笃，范雎免相，拜蔡泽为丞相。在中国历史上有不少功成身退的案例，全身而有始有终，这有其客观的必然性，因为形势变了，如果你适应不了，又不自觉全身而退，而要想有一个好的结局，这时候便很难了。

蔡泽在秦为相十余年，先后事秦之昭王、孝文王、庄襄王、秦始皇，他也是在秦始皇时，主动谢病归相印，全身而退，号纲成君。司马迁在《史记》中把范雎与蔡泽并列一传，寓有深意。为人要与时俱进，该进时要能进，该退时也要急流勇退，让自己一辈子能善始善终，为人要做到这一点也不易。

秦昭王五十六年（前 251 年），昭王去世，终年七十三岁。有一句老话，伴君如伴虎，比较白起与范雎二人的遭遇，白起确实有功于秦，但他有一股傲气，赌气而退，故其结局不佳。范雎聪明一些，知难而退，还能保全自己。秦昭王那股虎气也要作分析，任何人都难免有情绪化的时候，使起老虎性子来，难免也有失误之处。当时的另一方完全可以退一步回避以保全自己，千万不能同样情绪化地对着干，否则结局便很难说了。生活中的理想和实际总是有差距，人总有情感与理性两种不同的状态。从另一方面讲，作为王者没有那么一股虎气，又怎么镇得住前后左右、方方面面呢？更不要说开创新的历史局面了。中国历史上的秦皇、汉武、唐宗、宋祖，哪个没有虎气啊！哪个没有因为闹情绪使性子而出现失误啊！即使如此，在中华民族的历史上，他们还是功垂千秋的。就秦昭王而言，虽然有过失，但在秦国开疆拓土的历史上，还是功大于过。

关于范雎去世的年月，《史记·范雎蔡泽列传》未明言，其中称："王稽为河东守，与诸侯通，坐法诛。"《史记·六国年表》系此事于秦昭王五十二年（前255年），只言"王稽弃市"。1975年底，湖北省博物馆在云梦睡虎地发掘战国末年至秦代的墓葬，其中十一号墓出土秦简一千余支，其中有《编年纪》，亦称《大事记》，记载："（昭王）五十二年，王稽、张禄死。"王稽入魏，载范雎入秦，时范雎改名为张禄，王稽推荐范雎见秦昭王时，亦称："魏有张禄先生，天下辩士也。"这是秦昭王三十六年（前271年），那么云梦秦简所载"王稽张禄死"之张禄应即范雎。在此之前，秦昭王五十年（前257年），郑安平率秦军围邯郸，《史记·六国年表》在这一年，赵国条记载"秦围我邯郸，楚魏救我"，魏国有"公子无忌救邯郸"。《史记·魏公子列传》叙述魏公子无忌夺晋鄙的十万军队，选兵八万人，进兵击秦军，秦军解去，遂救邯郸，存赵。《史记·范雎蔡泽列传》记载："任郑安平，使击赵。郑安平为赵所围，急，以兵二万人降赵。"之前秦昭王任用范雎为相后，范雎为报答当年王稽与郑安平之恩，向秦昭王推荐二人，史载：

（范雎）入言于王曰："非王稽之忠，莫能内臣于

> 函谷关；非大王之贤圣，莫能贵臣。今臣官至于相，爵在列侯，王稽之官尚止于谒者，非其内臣之意也。”昭王召王稽，拜为河东守，三岁不上计。又任郑安平，昭王以为将军。范雎于是散家财物，尽以报所尝困厄者。一饭之德必偿，睚眦之怨必报。

这是范雎相秦不久之事，时间应在秦昭王四十一年（前266年）左右。秦发动围赵邯郸之战，是在秦昭王五十年（前257年），这件军事行动的策划者应是范雎，郑安平兵败降赵，范雎当然有责任，所以其本传称：

> 应侯席藁请罪。秦之法，任人而所任不善者，各以其罪罪之。于是应侯罪当收三族。秦昭王恐伤应侯之意，乃下令国中：“有敢言郑安平事者，以其罪罪之。”而加赐相国应侯食物日益厚，以顺适其意。

此事之后两年，“后二岁，王稽为河东守，与诸侯通，坐法诛。而应侯日益以不怿”。这里没有讲范雎之终年，由于范雎是王稽自魏国带来推荐给秦昭王的，而围攻邯郸之役与范雎有关，郑安平降赵范雎有责，那么王稽以河东守通诸侯，是指与魏相通，范雎又自魏来，如此范雎难避嫌疑。范雎应是死在这一年，如何死的，可能不是伏刑而死，也许如吕不韦那样自杀，《史记》没有记载此事。范雎之结局，说明那时在异国为相及为人之难。

第七条 评荀况之学

卿尝论兵于赵孝成王前，王请问兵要。曰："要在附民。"请问为将。曰："号令欲严以威，赏罚欲必以信……"

【评】

荀卿之学，真实有用，与俗儒不同。

【释】

荀卿，名况，卿者，时人相尊而号为卿。荀卿的著作，《汉书·艺文志》列为儒家，有《孙卿子》三十三篇。又《隋书·经籍志》列子部儒家，《孙卿子》十二卷。至《宋史·艺文志》，亦列子部儒家类，《荀卿子》二十卷。清《四库总目提要》列子部儒家类，《荀子》二十卷，三十二篇。李贽《史纲评要》所引述，出于第十卷之第十五篇，篇名为《议兵篇》。

《史记·孟子荀卿列传》称："荀卿，赵人。年五十始来游学于齐。”齐襄王时，“荀卿最为老师。齐尚修列大夫之缺，而荀卿三为祭酒”。祭酒是长老的意思，指荀卿三次任稷下学宫的祭酒。“齐人或谗荀卿，荀卿乃适楚，而春申君以为兰陵令。春申君死而荀卿废，因家兰陵。”兰陵，楚时县名，古址在今山东苍山县之兰陵镇。“李斯尝为弟子，已而相秦。”不仅李斯是荀卿的弟子，韩非子也是荀卿的弟子。荀卿处于战国之末年，史称：“荀卿嫉浊世之政，亡国乱君相属，不遂大道而营于巫祝，信禨祥，鄙儒小拘，如庄周等又猾稽乱俗，于是推儒、墨、道德之行事兴坏，序列著数万言而卒。因葬兰陵。”以上是荀卿生平之大体情况。

赵孝成王为赵惠文王之子，名丹，时间上与秦昭王同时，其祖为赵武灵王。赵国为四战之地，其民皆好兵，亦出统兵之将。赵武灵王十八年（前308年），秦昭王自燕归国立为王，赵武灵王胡服骑射，喜好兵事，著名的将领有乐毅、赵奢、廉颇等，赵孝成王即位，国势趋衰，在位二十一年，军事上曾屡遭败局，最大的一次失败，是孝成王七年（前259年）的长平之战，秦将白起在长平坑杀赵卒四十余万，接着秦军围邯郸，赵公子平原君入楚请救，魏公子信陵君亦率兵来救，秦乃解邯郸之围。这大概是荀子与赵孝成王议兵的历史背景。

毛泽东同意李贽对荀子之学的评述，其学“真实有用，与俗儒不同”，荀卿在赵孝成王之前谈用兵与用将之要，便平实可用。李贽摘录赵孝成王与荀子议兵的内容，皆出于《荀子》之《议兵篇》，是临武君与荀子议兵于赵孝成王之前，其云：

> 王曰：“请问兵要？”临武君对曰：“上得天时，下得地利，观敌之变动，后之发，先之至，此用兵之要术也。”孙卿子曰：“不然！臣所闻古之道，凡用兵攻战之本，在乎壹民。弓矢不调，则羿不能以中微；六马不和，则造父不能以致远；士民不亲附，则汤武不能以必胜也。故善附民者，是乃善用兵者也。故兵要在乎善附民而已。”

这里讲决定战争胜负的因素，不在于武力是否强大，而在于民心所向，即民众是否拥护。即使你凭借器械的优势，取得一时的胜利，如果没有民众的拥戴，最终还是要失败的。只要有民众的拥护，方略正确，弱可以转化为强，败能转化为胜。中国革命战争的胜利靠的是民众的拥戴和支持，军民一条心是战争胜利的保障。荀子所言“凡用兵攻战之本，在乎壹民”，“壹民”二字，在《孙子兵法·始计篇》中称作“道”，孙武说：“道者，令民与上同意也，故可以与之死，可以与之生，而不（畏）佹也。”用现在的话讲，也就是军民一心的意思。霸权主义可以凭借兵器上的优势，取得战争短暂的胜利，但得不到民众的支持，最终还是以失败告终。21 世纪霸权主义在北非中东发起的几场战争，如阿富汗战争、伊拉克战争、利比亚战争、叙利亚战争，尽管通过狂轰滥炸取得一时的胜利，但最终的结局，除了捣乱以外，没有其他什么有益的结果，不仅那些地区的人民反对，霸权主义者国内的人民也反对。20 世纪六七十年代，美国在越南的战争，最终只能以失败告终。在阿富汗，他们结束不了那里的乱局。在伊拉克，他们打败了萨达姆政权，却反而为伊斯兰国极端势力迅速发展提供了空间。在利比亚，虽然推翻了卡扎菲政权，留下来的也只是无法收拾的乱局。霸权主义的战争逻辑只能是："捣乱，失败，再捣乱，再失败，直至最终灭亡。"这是毛主席给美帝国主义概括的军事逻辑，我们不妨拭目以待。中国的军队是人民的军队，称中国人民解放军。军队的士兵自人民中来，战争为了保卫人民，得到人民的拥戴和支持，这才是我们战无不胜的根本保证。

关于如何为将的议论亦见于《荀子》之《议兵篇》，其文字如下：

> "请问为将？"孙卿子曰："知莫大乎弃疑，行莫大乎无过，事莫大乎无悔，事至无悔而止矣，成不可必也。故制号政令，欲严以威，庆赏刑罚，欲必以信。"

这里所言号令要有威严，第一个条件要不疑，不疑才能取信于士兵，取信于民众。孙武讲的"而不（畏）佹也"，这个"佹"字，曹操注作"危"，训为"疑"。俞樾《诸子评议·补录》卷三《孙子》：

曹公注曰："危者，危疑也。"不释"畏"字，其所据本无"畏"字也。"民不危"即"民不疑"，曹注得之。孟氏注曰："一作'人不疑'，文异而义同也。"《吕氏春秋·明理篇》"日以相危"，高诱训"危"为"疑"。盖古有此训。

政令欲使百姓和士兵不疑，那决策者自己要有信念，先讲"知"，指决策的根据，决定下来之后，最要紧的是决策者自己不能有任何疑忌和摇摆。知之后见"行"，行要周全，不能有任何过失。"事"则是指行以后的结果，无论成败得失，不能后悔。已经既成事实，决策者再动摇的话，势必动摇民心和军心。"成不可必"，是指行为之结果的成败，还有天时、地理各种其他条件的影响，悔的话，那就是互相埋怨了。在中国传统文化中没有"忏悔"这个概念，那是西方基督教的文化，无非是不负责任地掩饰自己的过失而已。有了不疑这个前提，号令才能有威严，才能做到令行禁止。唯其如此，"庆赏刑罚"才能实现当初的承诺。如果令而复疑，自己在那里摇摆，又何以责众呢？又何以庆赏刑罚呢？如果自己疑而动摇不定，那就只能停下来，重新讨论"令"之是否可行了。朝令夕改，那还有什么威严可讲呢？若已行，那么其成败得失，又何以言庆赏刑罚呢？这个问题，在军事上是如此，在制度的改革上，也应是如此。决策之前要慎重，思虑要周到。

决策之后，要守信，要付之行，行的过程要赏罚分明，不能老是“上有政策，下有对策”，政令不能下达，苦的是老百姓，失信的是国家之政令。宋人欧阳修在宋仁宗时，曾在《准诏言事上书》之谏疏中，提出“慎号令”的问题。他在奏疏中说：

> 夫言多变则不信，令频改则难从，今出令之初，不加详审，行之未久，寻又更张。以不信之言，行难从之令，故每有处置之事，州县知朝廷未是一定之命，则官吏或相谓曰：且未要行，不久必须更改。或曰：备礼行下，略与应破指挥。旦夕之间，果然又变。

他在《与田元均论财计书》中指出：“弊乏之余，谅繁精虑，建利害，更法制甚易，若欲其必行而无沮改，则实难。”他晚年修订的《本论》中说：

> 足天下之用，莫先乎财；系天下之安危，莫先乎兵；此有司之所知也。然财丰矣，取之无限而用之无度，则下益屈而上益劳。兵强矣，而不知所以用之，则兵骄而生祸。所以节财、用兵者，莫先乎立制（包括组织架构的设置）。制已具备，兵已可使，财已足用。所以共守之者，莫先乎任人。是故均财（指均贫富）而节兵，立法以制之，

> 任贤以守法，尊名以厉贤。此五者相为用，有天下者之常务，当今之世所先，而执事者之所忽也。

欧阳修这一番言论是说在点上了，值得借鉴。荀子所讲之兵要与将要，背后财用与民安是基础。任官，用将，关键还是“脖子以上”，如何做到“号令欲严以威”，说到底还是一个如何用人的问题，信念一致，任用好人，才能上下步伐整齐，可迎接未来任何战场上严峻的考验。

第八条　评韩非

韩非者，韩之诸公子也。善刑名法律之学。见韩削弱，数以书干韩王，韩王不能用。……至是以破从说秦王，王悦之，未用。李斯谮之，下吏，自杀。

【评】

使非得用，定不在李斯下。

【释】

李贽这一条资料出自《史记》之李斯与韩非二传，前面讲了李斯及其《谏逐客书》，后面讲了韩非入秦以后的遭遇，讲了李斯与韩非之间的关系。李贽倾向于同情韩非，故其评语云：“使非得用，定不在李斯下。”这一篇短小的文字，实际上涉及秦始皇、李斯、韩非三个人之间的相互关系，中心人物是韩非。要了解此三人之间的相互关系，只能从韩非入手，把他们之间历史上的相互关系逐步揭开来。先说韩非，《史记·老子韩非列传》云：

> 韩非者，韩之诸公子也，喜刑名法术之学，而其归本于黄老。非为人口吃，不能道说，而善著书。与李斯俱事荀卿，斯自以为不如非。

这一段话告诉我们，韩非与李斯都是荀子的学生，他们之间有师兄弟这一层关系，而李斯认为自己不如韩非。韩非的思想之本源为黄老学说，我们知道，战国末到秦汉初，在学术思想领域占统治地位的不是儒家学说，而是道家的黄老学派。汉初的窦太后崇尚黄老之学，萧何也是崇尚黄老学说的。申不害与韩非是法家的代表人物，汉初的黄老学派则崇尚无为而治。再说李斯，《史记·李斯列传》云：

> 李斯者，楚上蔡人也。年少时，为郡小吏，见吏舍厕中鼠食不絜，近人犬，数惊恐之。斯入仓，观仓中鼠，食积粟，居大庑之下，不见人犬之忧。于是李斯乃叹曰："人之贤不肖譬如鼠矣，在所自处耳！"

李斯把人譬作鼠，可见他的贤不肖或其身份与地位与其所处的环境有关。有一句俗话，水往低处流，人往高处走。不过他不是走，而是向上爬了。李斯的品格也就是如此，这一点与他最终的归宿也有关系，人怎么能完全没有节操呢？这样的人最终只能既害人又害己。《史记·李斯列传》续云：“乃从荀卿学帝王之术。学已成，度楚王不足事，而六国皆弱，无可为建功者，欲西入秦。”这样的人有一定能力，可以做成一些事业，但人品不高，他对荀子说：“斯闻得时无怠，今万乘方争时，游者主事。今秦王欲吞天下，称帝而治，此布衣驰骛之时而游说者之秋也。”那个时代七个国家逐鹿天下，李斯看形势认为秦国最有希望，他是抱着投机的心理投奔秦国的。“至秦，会庄襄王卒，李斯乃求为秦相文信侯吕不韦舍人；不韦贤之，任以为郎。”那一年为秦始皇元年（前246年），可见吕不韦待他不薄，他因吕不韦的关系才被秦始皇任为客卿。

李斯崭露头角，受到秦始皇注意是他那篇《谏逐客书》。秦始皇下逐客令是在秦始皇十年（前237年），当时下逐客令的原因，《史记·李斯列传》中称：

> 会韩人郑国来间秦，以作注溉渠，已而觉。秦宗室大臣皆言秦王曰：“诸侯人来事秦者，大抵为其主游间于秦耳，请一切逐客。”

事实上逐客的原因，并非由于郑国渠的事。我们知道这一年在秦国发生的最大的事件是秦始皇“免相国吕不韦，出文信侯就国河南”。李斯原来在吕不韦门下，是吕不韦把他推荐给秦始皇的，所以他也在被逐名单之中。故《资治通鉴》便把秦始皇下令大索逐客这件事与文信侯吕不韦免相就国联系在一起。而李斯这篇《谏逐客书》确实是好文章，他列举了秦国之穆公、孝公、惠王、昭王，都曾任用客卿，并依靠他们为秦国开疆拓土，秦国才有了今天强盛的局面。他说：

> 夫物不产于秦，可宝者多；士不产于秦，而愿忠者众。今逐客以资敌国，损民以益雠，内自虚而外树怨于诸侯，求国无危，不可得也。

正是这些话打动了秦始皇，因而秦始皇下逐客令，乃召李斯而复其官，李斯至骊邑而还。从这个过程可以看出，李斯是吕不韦手下三千食客中最先背弃故主投靠新主的人，李斯在为人的操行上，实在令人不敢恭维。

再说秦始皇与韩非相识的过程。韩非在韩国“见韩之削弱，数以书谏韩王，韩王不能用”，他才著书立说以阐明君王何以修明法制，执势以御臣下，观往者得失之变，以及求人任贤、富国强兵之道。《史记·老子韩非列传》称：

人或传其书至秦。秦王见《孤愤》《五蠹》之书，曰：“嗟乎，寡人得见此人与之游，死不恨矣！”

秦始皇为什么读了《孤愤》会说这样的话呢？这是秦始皇在清除嫪毐与吕不韦这两个集团以后，读《孤愤》时产生的共鸣。韩非在《孤愤》中讲了重人的现象，“重人也者，无令而擅为，亏法以利私，耗国以便家，力能得其君，此所谓重人也”，其中还说：

当涂之人擅事要，则外内为之用矣。是以诸侯不因，则事不应，故敌国为之讼。百官不因，则业不进，故群臣为之用。郎中不因，则不得近主，故左右为之匿。学士不因，则养禄薄礼卑，故学士为之谈也。此四助者，邪臣之所以自饰也。重人不能忠主而进其仇，人主不能越四助而烛察其臣，故人主愈弊，而大臣愈重。

那时嫪毐与吕不韦权势正盛，韩非毕竟不是范雎。李斯告诉秦始皇：“此韩非之所著书也。”秦国因而急攻韩国。那么韩非是怎么去秦国的呢？《史记·韩世家》称：“王安五年，秦攻韩，韩急，使非使韩。”那一年是公元前234年，在秦始皇下逐客令之后，韩非奉韩王之命使秦，使秦目的是游说秦王以存韩。故韩非入秦与李斯入秦的出发点不相同，李斯是为了卖身投靠，韩非是为了挽救故国，忠于故主。

《韩非子》头两篇，一为《初见秦》，二为《存韩》，如果细读这两篇文字可以知道，韩非入秦以后，所上之书为《存韩》。而《存韩》这篇文字有两部分，前面是韩非的文字，是为了存韩而说；后半篇文字，是秦始皇看了《存韩》以后，让李斯来分析此文，是李斯批驳韩非的文字。编辑者把两篇文字都混在一起，作为韩非的作品了。《初见秦》则是韩非入狱以后，陈书于秦始皇的文字，是迎合秦始皇的作品。韩非之死应在上《初见秦》之后不久，秦始皇读了《初见秦》篇，“后悔之，使人赦之，非已死矣”。《史记·老子韩非列传》称：

> 李斯、姚贾害之，毁之曰：“韩非，韩之诸公子也。今王欲并诸侯，非终为韩不为秦，此人之情也。今王不用，久留而归之，此自遗患也，不如以过法诛之。”秦王以为然，下吏治非。李斯使人遗非药，使自杀。

以上是韩非入秦以后的过程，然后我们再来读韩非这两篇文字及李斯的文字，结合《战国策》所载韩非与李斯、姚贾之间的辩论，就可以看出韩非与李斯之间互不相容的缘由了。我们不妨先读韩非之《存韩》，其云：

韩事秦三十余年，出则为扞蔽，入则为席荐。……夫韩入贡职，与郡县无异也。今日臣窃闻贵臣之计，举兵将伐韩。夫赵氏聚士卒，养从徒，欲赘天下之兵，明秦不弱，则诸侯必灭宗庙，欲西面行其意，非一日之计也。今释赵之患，而攘内臣之韩，则天下明赵氏之计矣。

韩非的观念很明确，为了存韩，把祸水往东面的赵国一边引，韩非为秦始皇设计策，其云：

从韩而伐赵，赵虽与齐为一，不足患也。二国事毕，则韩可以移书定也。是我一举二国有亡形，则荆、魏又必自服矣。故曰："兵者，凶器也。"不可不审用也。

从这些文字可见韩非《存韩》这篇文章的宗旨，确如其题，中心是为了存韩。秦始皇让李斯评论这篇文字，《存韩》的中篇便是李斯奉命之作，其开篇即云："诏以韩客之所上书，书言韩之未可举，下臣斯。臣斯甚以为不然。秦之有韩，若人之有腹心之病也。"又云：

韩虽臣于秦，未尝不为秦病，今若有卒报之事，韩不可信也。……夫韩不服秦之义而服于强也。今专于齐、赵，则韩必为腹心之病而发矣。韩与荆有谋，诸侯应之，则秦必复见峭塞之患（此谓秦孝公时，齐宣王西攻秦，秦为齐兵困于峭塞之上，此时韩为中军）。非之来也，未必不以其能存韩也，为重于韩也（指韩非能为韩王所重用）。辩说属辞，饰非诈谋，以钓利于秦，而以韩利窥陛下。夫秦、韩之交亲，则非重矣，此自便之计也。臣视非之言，文其淫说，靡辩才甚。臣恐陛下淫非之辩而听其盗心，因不详察事情。

从李斯这些言论可见，他完全以韩非作为攻击对象，欲置之死地而后快。《战国策》秦策之五的最后一篇《四国为一》，介绍了韩非与姚贾、李斯在秦廷的一场辩论。在辩论之前，秦始皇十年（前212年），《史记·秦始皇本纪》记载：

大梁人尉缭来，说秦王曰："以秦之强，诸侯譬如郡县之君，臣但恐诸侯合从，翕而出不意，此乃智伯、夫差、湣王之所以亡也。愿大王毋爱财物，赂其豪臣，以乱其谋，不过亡三十万金，则诸侯可尽。"秦王从其计。

把这套设想付诸实施的是姚贾，《战国策》之《四国为一》条记其事云：

四国为一，将以攻秦。秦王召群臣宾客六十人而问焉，曰：“四国为一，将以图秦，寡人屈于内，而百姓靡于外，为之奈何？”群臣莫对。姚贾对曰：“贾愿出使四国，必绝其谋，而安其兵。”乃资车百乘，金千斤，衣以其衣冠，舞以其剑。姚贾辞行，绝其谋，止其兵，与之为交，以报秦。秦王大悦，封贾千户，以为上卿。

韩非知之，曰：“贾以珍珠重宝，南使荆、吴，北使燕、代之间，三年，四国之交未必合也，而珍珠重宝尽于内。是贾以王之权、国之宝，外自交于诸侯，愿王察之。且梁监门子，尝盗于梁，臣于赵而逐。取世监门子，梁之大盗，赵之逐臣，与同知社稷之计，非所以厉群臣也。”

王召姚贾而问曰：“吾闻子以寡人财交于诸侯，有诸？”对曰：“有。”王曰：“有何面目复见寡人？”对曰：“曾参孝其亲，天下愿以为子；子胥忠于君，天下愿以为臣；贞女工巧，天下愿以为妃。今贾忠王而王不知也。贾不归四国，尚焉之？使贾不忠于君，四国之王尚焉用贾之身？梁听谗而诛其良将，纣闻谗而杀其忠臣，至身死国亡。今王听谗，则无忠臣矣。”

王曰：“子监门子，梁之大盗，赵之逐臣。”姚贾曰：“太公望，齐之逐夫，朝歌之废屠，……文王用之而王。……故明主不取其污，不听其非，察其为己用。

故可以存社稷者，虽有外诽者不听；虽有高世之名而无咫尺之功者不赏。是以群臣莫敢以虚愿望于上。”

秦王曰：“然。”乃可复使姚贾而诛韩非。

可见韩非与李斯之间，在如何统一六国的方针路线上有分歧，《史记·老子韩非列传》所言李斯、姚贾害之的背景便是如此。

再说韩非之《初见秦》篇，是韩非下狱以后所上，讲的还是秦何以统一六国的策略，以迎合秦始皇的心理。故其文末云：

臣昧死愿望见大王，言所以破天下之从，举赵，亡韩，臣荆、魏，亲齐、燕，以成霸王之名，朝四邻诸侯之道。大王诚听其说，一举而天下之从不破，赵不举，韩不亡，荆、魏不臣，齐、燕不北，霸王之名不成，四邻诸侯不朝，大王斩臣以徇国，以为王谋不忠者也。

这是在狱中求见秦始皇的一篇文章，其思路还是从伐赵起始以达到统一六国的方针。先举赵，韩则传檄而定，以免刀兵之灾。这一条进军线路的建议也不能说完全没有道理，多少也算是一种方案。秦始皇没有立即召见韩非，搁置了一下，故《老子韩非列传》云：“韩非欲自陈，不得见。”在秦始皇犹豫的时间，“李斯使人遗非药，使自杀”。秦始皇想见韩非时，“使人赦之，非已死”，所以“秦王后悔之”。韩非入秦的过程便是如此。

李贽的评语称：“使非得用，定不在李斯下。”毛泽东认可这个评语，这个估计是对的，一是韩非为人的操行，比李斯要好得多。论才干，李斯自认不如。从思想路线的角度看，秦始皇的观念与他是吻合的，不仅《孤愤》赢得秦始皇的赞赏，其《主道》《二柄》《八奸》《说难》等讲君臣之间利害关系，在思想上与秦始皇是完全一致的，其《五蠹》《显学》诸篇对儒墨之评述与秦始皇也是一致的，《定法》《难势》也与秦始皇喜欢的法家思想一致。所以李贽的评语完全可以成立。

秦始皇生前，以李斯为廷尉和丞相，前后二十余年，《史记·李斯列传》云：

> 竟并天下，尊主为皇帝，以斯为丞相。夷郡县城，销其兵刃，示不复用。使秦无尺土之封，不立子弟为王，功臣为诸侯者，使后无战攻之患。

秦统一六国之后的一些重大措施，李斯是有功的，因而当时在权势上非常威风，《史记·秦始皇本纪》云：

> (始皇)行所幸，有言其处者，罪死。始皇帝幸梁山宫，从山上见丞相车骑众，弗善也。中人或告丞相，丞相后

损车骑。始皇怒曰："此中人泄吾语。"案问莫服。当是时，诏捕诸时在旁者，皆杀之。

由此可知，李斯车骑之盛，连秦始皇都不高兴了，亦可见其作威作福之程度。当秦始皇追问这件事时，他不能挺身承担责任，害了他人。将韩非与李斯相比，品位之高低也就自然显现了。同样是死，韩非死得光明磊落多了，值得后人同情。李斯之被杀，固然也值得同情，但毕竟是另一回事，也许是害死韩非之报应吧！

第九条　评吕不韦

秦王薨，子政立。封相国吕不韦为文信侯，号称仲父。

【评】

好个徽号！仲父讨死。

【释】

这一条目涉及三个人：吕不韦，秦庄襄王子楚，秦始皇嬴政。徽号，是对皇帝的美好的称号，专以称帝王，如宋太祖赵匡胤有徽号。仲父，指叔父，是效齐桓公称管仲为仲父，事之如父。关于庄襄王子楚与吕不韦的关系，子楚是秦安国君之中子，为质于赵，赵国的首都在邯郸，《史记·吕不韦列传》称："子楚，秦诸庶孽孙，质于诸侯，车乘进用不饶，居处困，不得意。"其又云：

吕不韦贾邯郸，见而怜之，曰"此奇货可居"。乃往见子楚……吕不韦曰："秦王老矣，安国君得为太子。窃闻安国君爱幸华阳夫人，华阳夫人无子，能立適(通嫡)嗣者独华阳夫人耳。今子兄弟二十余人，子又居中，不甚见幸，久质诸侯。即大王薨，安国君立为王，则子毋几得与长子及诸子旦暮在前者争为太子矣。"子楚曰："然。为之奈何？"吕不韦曰："子贫，客于此，非有以奉献于亲及结宾客也。不韦虽贫，请以千金为子西游，事安国君及华阳夫人，立子为適嗣。"子楚乃顿首曰："必如君策，请得分秦国与君共之。"

吕不韦乃以五百金与子楚，为进用，结宾客；而复以五百金买奇物玩好，自奉而西游秦，求见华阳夫人姊，而皆以其物献华阳夫人。因言子楚贤智，结诸侯宾客遍天下，常曰"楚也以夫人为天，日夜泣思太子及夫人"。夫人大喜。不韦因使其姊说夫人曰："吾闻之，以色事人者，色衰而爱弛。今夫人事太子，甚爱而无子，不以此时蚤自结于诸子中贤孝者，举立以为適而子之，夫在则重尊，夫百岁之后，所子者为王，终不失势，此所谓一言而万世之利也。不以繁华时树本，即色衰爱弛后，虽欲开一语，尚可得乎？今子楚贤，而自知中男也，次不得为適，其母又不得幸，自附夫人，夫人诚以此时拔以为適，夫人则竟世有宠于秦矣。"华阳夫人以为然，承太子闲，从容言子楚质于赵者绝贤，来往者皆称誉之。乃因涕泣曰："妾幸得充后宫，不幸无子，愿得子楚立以为適嗣，以托妾身。"安国君许之，乃与夫人刻玉符，约以为適嗣。安国君及夫人因厚馈遗子楚，而请吕不韦傅之，子楚以此名誉益盛于诸侯。

就这样，子楚成了安国君的继承人。秦昭王五十年（前257年），秦大兵围邯郸，赵欲杀子楚，子楚与吕不韦谋，行金六百斤予守者吏，得脱，亡赴秦军，遂以此归秦。赵欲杀子楚之妻子，子楚夫人为赵豪家女。母子躲藏起来，以故得活。

秦昭王五十六年（前251年），秦昭王薨，太子安国君立为王，华阳夫人为王后，子楚为太子，赵亦奉子楚夫人及其子嬴政归秦。

安国君立为秦王，即秦孝文王，立一年即薨，太子子楚即位，是为庄襄王，以华阳后为华阳太后，以真母夏姬为夏太后。庄襄王元年（前250年），吕不韦为丞相，封文信侯，食河南洛阳十万户。实际执政者为吕不韦，此即为吕不韦与庄襄王之间相互关系的情况。再说吕不韦与秦王嬴政的关系，《史记·吕不韦列传》称：

吕不韦取邯郸诸姬绝好善舞者与居，知有身。子楚从不韦饮，见而说之，因起为寿，请之。吕不韦怒，念业已破家为子楚，欲以钓奇，乃遂献其姬。姬自匿有身，至大期时，生子政。子楚遂立姬为夫人。

这段记载带有传说性质，很难完全凭信，大期为十二个月，一般怀孕不会超过十个月，很难说是吕不韦知道赵姬有身孕而送给子楚。嬴政出生的时间，应在子楚为安国君立为嫡子以后的事，那么赵姬才能被立为夫人。如果真有这回事，秦始皇执政以后，嬴政作为秦国国君的合法性便成为问题，秦始皇当然容不得吕不韦的存在，即使是传说，也是犯忌的，这大概也是吕不韦致死的一个重要原因。

秦庄襄王即位，嬴政被立为太子。庄襄王在位只有三年时间，嬴政即位时只有十三岁，自己不可能执政，大权都在相国吕不韦之手，嬴政尊吕不韦为相国，号为仲父。这当然出自庄襄王与赵姬之手，在当时也是为了保护嬴政的地位。到了秦始皇亲政时，情况就变了，吕不韦的存在就成为秦始皇执政的障碍。尽管吕不韦在秦国执政的十三年对秦国政治经济文化的发展有功，但王权毕竟不能分割。战国四公子，魏有信陵君，楚有春申君，赵有平原君，齐有孟尝君，皆好宾客，俗言宾客三千，皆有功于各国，但毕竟对王权是一种有形无形的威胁，最终的结局都不太好。吕不韦亦有食客三千，家僮万人，他让自己的食客人人著所闻，编了一部百科全书式的著作《吕氏春秋》，集为十二纪、八览、六论，二十余万言，其内容记述天地万物古今如何行事，目的无非是为秦始皇执政提供参考。除了文治，吕不韦在武功方面也颇有建树。庄襄王在位三年，吕不韦为相国，先后灭东周，尽入其国；伐韩，取成皋、巩，秦界至大梁，初置三川郡；攻赵，定太原；攻魏，拔高都、汲，在上党置太原郡。秦的疆界扩大到关东地区。嬴政即王位时，秦国的地界在南边已并巴、蜀、汉中，越宛有郢，置南郡，北收上郡以东，有河东、太原、上党郡，东至荥阳，灭二周，置三川郡。嬴政即位的最初七八年，秦之国事还是顺着这个大势继续发展。

问题出在宫廷生活中。当时嬴政年少，“太后时时窃私通吕不韦”，《史记·吕不韦列传》记载：

> 始皇帝益壮，太后淫不止。吕不韦恐觉祸及己，乃私求大阴人嫪毐以为舍人，时纵倡乐，使毐以其阴关桐轮而行，令太后闻之，以啖太后。太后闻，果欲私得之。吕不韦乃进嫪毐，诈令人以腐罪告之。不韦又阴谓太后曰：“可事诈腐，则得给事中。”太后乃阴厚赐主腐者吏，诈论之，拔其须眉为宦者，遂得侍太后。太后私与通，绝爱之。有身，太后恐人知之，诈卜当避时，徙宫居雍。嫪毐常从，赏赐甚厚，事皆决于嫪毐。嫪毐家僮数千人，诸客求宦为嫪毐舍人千余人。……
>
> 始皇九年，有告嫪毐实非宦者，常与太后私乱，生

子二人，皆匿之。与太后谋曰“王即薨，以子为后”。于是秦王下吏治，具得情实，事连相国吕不韦。九月，夷嫪毐三族，杀太后所生两子，而遂迁太后于雍。诸嫪毐舍人皆没其家而迁之蜀。

秦始皇清洗嫪毐集团实际上是宫廷内的武斗，《史记·秦始皇本纪》载：

嫪毐封为长信侯。予之山阳地，令毐居之。宫室车马衣服苑囿驰猎恣毐。事无小大皆决於毐。又以河西太原郡更为毐国。九年，彗星见，或竟天。攻魏垣、蒲阳。四月，上宿雍。己酉，王冠，带剑。长信侯毐作乱而觉，矫王御玺及太后玺以发县卒及卫卒、官骑、戎翟君公、舍人，将欲攻蕲年宫为乱。王知之，令相国昌平君、昌文君发卒攻毐。战咸阳，斩首数百，皆拜爵，及宦者皆在战中，亦拜爵一级。毐等败走。即令国中：有生得毐，赐钱百万；杀之，五十万。尽得毐等。

秦始皇在处理完嫪毐以后，就有一个如何对待自己母亲与吕不韦的问题。《资治通鉴》载其事比较完整而又简洁，今录其文于下。

迁太后于雍萯阳宫，杀其二子。下令曰：“敢以太后事谏者，戮而杀之，断其四支（通肢），积之阙下！”死者二十七人。齐客茅焦上谒请谏。王使谓之曰：“若不见夫积阙下者邪？”对曰：“臣闻天有二十八宿，今死者二十七人，臣之来固欲满其数耳。臣非畏死者也！”使者走入白之。茅焦邑子同食者，尽负其衣物而逃。王大怒曰：“是人也，故来犯吾，趣召镬烹之，是安得积阙下哉！”王按剑怒而坐，口正沫出。使者召之入，茅焦徐行至前，再拜谒起，称曰：“臣闻有生者不讳死，有国者不讳亡。讳死者不可以得生，讳亡者不可以得存。死生存亡，圣主所欲急闻也，陛下欲闻之乎？”王曰：“何谓也？”茅焦曰：“陛下有狂悖之行，不自知邪？车裂假父（指嫪毐），囊扑二弟，迁母于雍，残戮谏士，桀、纣之行不至于是矣。今天下闻之，尽瓦解，无向秦者，臣窃为陛下危之！臣言已矣！”乃解衣伏质。王下殿，手自接之曰：“先生起就衣，今愿受事！”乃爵之上卿。王自驾，虚左方，往迎太后，归于咸阳，复为母子如初。

司马光《资治通鉴》的这段行文，使得二十三岁的秦始皇之性格特征跃然纸上，他性格中既有刚愎自用的一面，又有纳谏善听改过的一面，虽然暴戾，亦有王气的一面。类似的例子如其下逐客令之后，明知李斯曾是吕不韦的舍人，是吕不韦将其推荐给自己的，仍然接受李斯《谏逐客书》的意见。他在用人上还是有一点宽容的，在这一点上还算明白是非。他把母亲接回咸阳，那就有一个如何处置吕不韦的问题，吕不韦被免掉丞相也是在处理嫪毐之后。《史记 · 吕不韦列传》称：

> 秦王十年十月，免相国吕不韦。及齐人茅焦说秦王，秦王乃迎太后于雍，归复咸阳，而出文信侯就国河南。

吕不韦是秦始皇父亲庄襄王封为文信侯、食河南洛阳十万户的，秦始皇只是把吕不韦免相，要他回到洛阳封地去，使他与太后分居两地。

> 岁余，诸侯宾客使者相望于道，请文信侯。秦王恐其为变，乃赐文信侯书曰："君何功于秦，秦封君河南，食十万户？君何亲于秦，号称仲父？其与家属徙处蜀！"吕不韦自度稍侵，恐诛，乃饮鸩而死。秦王所加怒吕不韦、嫪毐皆已死，乃皆复归嫪毐舍人迁蜀者。始皇十九年，太后薨，谥为帝太后，与庄襄王会葬茝阳。

司马迁在太史公曰中称吕不韦为闻人，"孔子之所谓'闻'者，其吕子乎？”所谓闻者是指“色取仁而行违，居之不疑。在邦必闻，在家必闻”，马融谓此佞人也。然而司马迁在《报任少卿书》中，对吕不韦的遭遇仍有为其抱不平之处，其言：

> 西伯拘而演《周易》；仲尼厄而作《春秋》；屈原放逐，乃赋《离骚》；左丘失明，厥有《国语》；孙子膑脚，《兵法》修列；不韦迁蜀，世传《吕览》；韩非囚秦，《说难》《孤愤》。

可见司马迁肯定《吕氏春秋》之书，它毕竟是集战国诸子荟萃之著作，同时也对他不幸的遭遇表示了同情，这反映了司马迁遭遇不幸后对《史记》一书在精神上的寄托。如果仔细检点吕不韦一生，他在起点便注定了不幸的结局。吕不韦是商人出身，他看上子楚，是以商业的视角来看重子楚的身价，一开始便把子楚看作投资的对象。《战国策·秦五·濮阳人吕不韦贾于邯郸》记载：

> 濮阳人吕不韦贾于邯郸，见秦质子异人，归而谓父曰：“耕田之利几倍？”曰：“十倍。”“珠玉之赢几倍？”曰：“百倍。”“立国家之主赢几倍？”曰：“无数。”曰：“今力田疾作，不得暖衣余食；今建国立君，泽可以遗世。愿往事之。”

这一段父子之间的对话，反映了吕不韦以商人的眼光来投机于政治。士、农、工、商在中国古代各有分业，各业的运行规则不同，在中国历史上，政商结合，可以得逞于一时，但结局往往不好。汉代有一个桑弘羊，也是商人出身，由商从政，官商结合，他的失败不在商而在政商，他得势于汉武帝时，失败在霍光执政时期。在古人身上是如此，在今人身上，这方面的教训亦不少。政商结合，以商营政，权钱交易，初始是隐蔽的，最终都以败局结束，弄一个身败名裂。政商二业运营之规则不同，混淆二者业态，可谋得一时之利益，从长远看对二者之业态皆不利。故商人从政者，能获益于初始，能善终者极少。然而政商二业又有紧密的联系，为政者要懂得经济形势，为商者也要懂得政治形势，而政治形势与经济形势又息息相关，从理论上讲二者是经济基础与上层建筑的关系，基础不牢，地动山摇，故二者又是一荣俱荣、一枯俱枯的相互关系。政商之间必须互相沟通，互相配合。能否处理和规范好一国之政商关系，与一国之兴旺发达密切相关。说到底二者是对立统一的关系，商业和政治协调有序发展，才是国家兴旺的标志，市场经济的发展绕不过这个坎。

我们今天读《史记》，吕不韦、子楚、秦始皇这些人物皆栩栩如生，那么多对话，刻画出人物即时的性格，场景是那么生动活泼，而且不是脸谱化的描述，而是有分析地展示各个人物在不同场景中的形象特征，今天读当代的许多史著，缺少的就是如此生动活泼的人物性格。中国历史著作的经典还是离不开二十四史之前四史，即《史记》《汉书》《后汉书》《三国志》，读这前四史，其味无穷。

第十条　评秦始皇置郡县

廷尉李斯谏曰:“……置诸侯不便。”始皇曰:“天下初定,又复立国,是树兵也。廷尉议是。”于是分天下为三十六郡。

【评】

开阡陌,置郡县,此等皆是应运豪杰、因时大臣,圣人复起不能易也。

【释】

此事见于《史记·秦始皇本纪》,时间是在秦始皇二十六年(前221年),其云:

> 丞相绾等言:“诸侯初破,燕、齐、荆地远,不为置王,毋以填之。请立诸子,唯上幸许。”始皇下其议于群臣,群臣皆以为便。廷尉李斯议曰:“周文武所封

子弟同姓甚众，然后属疏远，相攻击如仇雠，诸侯更相诛伐，周天子弗能禁止。今海内赖陛下神灵一统，皆为郡县，诸子功臣以公赋税重赏赐之，甚足易制。天下无异意，则安宁之术也。置诸侯不便。”始皇曰：“天下共苦战斗不休，以有侯王。赖宗庙，天下初定，又复立国，是树兵也，而求其宁息，岂不难哉！廷尉议是。”

“分天下为三十六郡”，这三十六郡为三川、河东、南阳、南郡、九江、鄣郡、会稽、颍川、砀郡、泗水、薛郡、东郡、琅邪、齐郡、上谷、渔阳、右北平、辽西、辽东、代郡、钜鹿、邯郸、上党、太原、云中、九原、雁门、上郡、陇西、北地、汉中、巴郡、蜀郡、黔中、长沙三十五郡，京师所在为内史，共三十六郡。

从《史记》上述一段引文，可知在郡县制之前是殷周的分封制，从春秋到战国是郡县制逐步形成的时期，郡与县的名称起源于春秋时期，而且是先有县，后有郡。《左传》鲁宣公十一年（前598年），楚庄王灭陈，“因县陈”。把陈这个周的封国变成楚国的县，作为楚国下属的行政机构。周初诸侯国有一千多个，到春秋后期，“其存者，无数十焉”（《左传》哀公七年）。灭国为县，成为大国国君直属的县了。再看秦国，据《史记·秦本纪》的记载：“（秦武公）十年（前688年），伐邽、冀戎，初县之。十一年，初县杜、郑。”“（秦厉共公）二十一年（前456年），初县频阳。”《史记·秦本纪》记载秦孝公十二年（前350年），“并诸小乡聚，集为大县，县一令，四十一县”。《史记·商君列传》则作三十一县，这些记载，说明秦国很早就统一了全国的地方行政机构。李贽评语中说的“开阡陌，置郡县”，在秦国具体操办这件事的便是商鞅，所谓“应运豪杰、因时大臣”建立的功业，也是以商鞅为代表的一大批能人志士共同努力的结果。

再说郡的设置，春秋末已有郡的称谓，而且县的地域比郡大，战国时设置的郡都在边境，《史记·匈奴列传》：“魏有河西、上郡，以与戎界边。”“秦有陇西、北地、上郡，筑长城以拒胡。”“（赵）置云中、雁门、代郡。”“（燕）置上谷、渔阳、右北平、辽西、辽东郡以拒胡。”郡守是边地的军事和行政长官，战国时各国交界的边缘地区设郡，魏国设河西、上郡是为了抵御秦国，魏失去河西郡，退守河东，复在河东设郡。韩国的上党郡，便处于韩、赵、魏三国交界处，楚在汉中设郡，也是为抵御秦国的。郡的长官为守，在边地任守的是军事长官，边地设置的郡之地域较大，由此便形成以郡统县的局面，如赵的代郡有三十六县，韩的上党郡有十七县，燕的上谷郡也有三十六县，这些记载都见于《战国策·秦策》。故秦统一六国以后，设三十六郡，实际上是沿袭战国末年各国的旧制。郡的长官为守，已见于战国时各国的记载，如李悝为上地守，吴起为西河守，冯亭为上党守，王稽为河东守，任鄙为汉中守，李冰为蜀守，内史腾为南郡守。秦灭诸侯，随以其地为郡，置守。

郡守是一郡的最高长官，是中央与县之间的中间枢纽，设丞佐守，设尉，作为军事长官，设监，是御史监军者。郡这一级的行政、军事、监察，三者是分开的，上则执行中央的命令，下则监督下属诸县，但郡守的幕僚属吏，则可以自行署置。故秦代在全国设置中央集权的郡县制，是在列国兼并战争中形成的，秦统一六国之初是三十六郡，后来增设至四十余郡。

郡县制在全国范围的形成是一个历史的过程，把它确立为中央集权体制下的统一国家制度，至秦始皇统一六国才完成，使国家的统一成为中华民族的共同意志，然而在中国漫长的历史过程中，它是经过多次反复的，通过比较它与分封制的利弊得失，才最后稳定下来。《三国演义》中称天下“分久必合，合久必分”，但纵观这两千多年的历史，合毕竟是大势所趋，即使短暂的分，在局部的割据政权，推行的仍然是郡县制，统一是总的趋势，这一点正是中国政治体制的优越性所在。

秦始皇统一六国是在秦始皇二十六年（前 221 年），秦始皇此后多次巡游各地，是为了巩固国家的统一。秦始皇去世是在秦始皇三十七年（前 210 年），那一年他只有五十岁，死得早了。在秦二世元年便有陈胜、吴广的大泽乡起义，接下来是群雄崛起。这个时期起来反秦的实际上是两股力量，一股是起于草根，以陈胜、吴广为代表，刘邦、英布、彭越等都出身于当时的草根；另一股力量，是以项梁、项籍为代表的六国贵族势力。项梁是项燕之子，项氏世世为楚将，项燕为秦将王翦所戮。六国中能与秦国相抗衡的是齐、楚二国，所谓“楚虽三户，亡秦必楚”。在反秦的力量中，项羽这股力量最为强大，项梁以楚怀王之孙熊心为怀王，故当时反秦的主力是楚国贵族的残余力量。项羽到咸阳以后，便恢复分封制，实际上是为自己四面树敌。在这两股力量之间，还有士这一阶层。在项羽这一边的代表人物是范增，在刘邦这一边的代表人物如张良、韩信。那几年的楚汉相争，在打败项羽之后，刘邦作为天子，是楚王韩信、淮南王英布、衡山王吴芮、赵王张敖、燕王臧荼，一起上疏拥刘邦做皇帝。从这份名单上可以看出，楚汉相争的胜利者是一群草莽英雄，不是六国贵族。刘邦立国时诸异姓王都建立了汉的同盟国，并非汉朝的封国，汉初诸异姓王的地盘都是他们自己打下来的，不是刘邦分封的。《汉书·异姓诸侯王表》序记载异姓王有十八个之多。刘邦花了几年时间平定了异姓王，然后在他们的地盘上分封了九个同姓王。刘邦为什么要封这些同姓王呢？《汉书·诸侯王表第二》称：“汉兴之初，海内新定，同姓寡少，惩戒亡秦孤立之败，于是剖裂疆土……尊王子弟，大启九国。”当时天子直接控制的有三河、东郡、颍川、南阳，自江陵以西至巴蜀，北自云中至陇西，以及京师内史，凡十五郡，实际上富庶地区都在东边九个王国范围之内。这就是分封制的第一次回潮，或者叫作反复。到了汉文帝时代，这个矛盾便突显出来，分封制不仅没有解决“亡秦孤立”之失，反而埋下同姓干戈不息之祸根。刘邦封其侄子刘濞为吴王时，“高祖召濞相之，曰：‘若状有反相。’”还给他说：“天下同姓一家，慎无反。”“濞顿首曰：‘不敢。’”后来在汉景帝时吴楚七国之乱，带头起兵的便是这个刘濞。在郡县制下，中央与地方的关系，如臂之使指，贾谊在汉文帝时便提出：“天下之势方病大瘇。一胫之大几如要，一指之大几如股，平居不可屈信，一二指搐，身虑亡聊。失今不治，必为锢疾。”（《治安策》）

这个痼疾便是尾大不掉的局面，到景帝时爆发为七国之乱，周亚夫把这场动乱给镇压下去了。汉初分封同姓王的问题到汉武帝时，主父偃提了一个建议，他说：

> 古者诸侯地不过百里，强弱之形易制。今诸侯或连城数十，地方千里。缓则骄奢易为淫乱；急则阻其强而合从以朔京师。今以法割削，则逆节萌起，前日朝错是也。今诸侯子弟或十数，而適嗣代立，余虽骨肉，无尺地之封，则仁孝之道不宣。愿陛下令诸侯得推恩分子弟，以地侯之。彼人人喜得所愿，上以德施，实分其国。必稍自销弱矣。（《汉书·严朱吾丘主父徐严终王贾传上》）

这就是后来的推恩令，对诸侯王采取分而治之的政策，但又养了一大批刘姓的废物，增加了当时的社会负担。分封制的第二次复辟，是在西晋初年，武帝司马炎立国时，《资治通鉴·晋纪一》称：“（武帝）惩魏氏孤立之敝，故大封宗室，授以职任，又诏诸王，皆得自选国中长吏。”各个诸侯王皆羽翼丰满，结果晋武帝一死，不久即爆发八王之乱，西晋帝国迅即崩塌。以郡县制为例，一项制度的形成有一个历史过程，一旦形成以后，要稳定下来，也要经过多次反复。过去习惯用复辟反复辟的提法，这话言重了，有反复是自然的事，经过反复地磨炼，它才能稳定下来。

1973年8月5日，毛泽东写了《七律·读〈封建论〉呈郭老》一诗，肯定了秦始皇统一六国，推行郡县制的功绩，是从正面批判林彪集团借攻击秦始皇是暴君来攻击毛泽东。毛泽东这首诗的主题，还是在肯定秦始皇在全国推行郡县制维护国家统一的历史功绩。今录此诗于下：

劝君少骂秦始皇，焚坑事业要商量。
祖龙魂死秦犹在，孔学名高实秕糠。
百代都行秦政法，十批不是好文章。
熟读唐人《封建论》，莫从子厚返文王。

为什么这首诗要呈郭老？因为郭沫若抗战时在重庆写的《十批判书》最后一篇文章的题目是《吕不韦批判》。在这篇文章中郭沫若狠批秦始皇，郭老那时骂秦始皇是指桑骂槐，是针对蒋介石的，毛泽东此时则是借题来批林的，实际批判的锋芒不是对着郭沫若的。用《读〈封建论〉》作题，主要是讲郡县制有利于维护国家统一，反对分裂割据，而“百代皆行秦政法”也是针对郡县制，他是为八大军区司令调防造舆论的，“焚坑事业要商量”也是为秦始皇焚书坑儒辩解的。李贽《史纲评要》对焚书坑儒的前因后果作了评述，留待下一条再具体阐释。“祖龙魂死秦犹在，孔学名高实秕糠”，是解释秦的法制犹在，而儒家则徒有其名，为后面儒法斗争开道，毛主席这首诗实际上是借古讽今。最后一句“熟读唐人《封建论》，莫从子厚返文王”，中心主题在此，那就是要坚持郡县制，柳宗元《封建论》之主旨，便是肯定秦始皇的郡县制，子厚是柳宗元的字，“莫从子厚返文王”意谓不能从郡县制倒退至周代的分封制。毛主席写这首诗的现实意义是防止军阀分裂割据之再现，为军委扩大会议的召开和实现八大军区司令部的调防，保证党对军队的绝对指挥，作了理论准备。这一点，我们读一下柳宗元的《封建论》便可以弄明白。柳宗元在《封建论》中称：

> 秦有天下，裂都会而为之郡邑，废侯卫而为之守宰，据天下之雄图，都六合之上游，摄制四海，运于掌握之内，此其所以为得也。

这一段话是讲秦始皇废封建为郡县，才能实现统一天下之雄图，从而把四海运行于自己掌握之中。至于秦之所以败，在柳宗元看来，并非没有实施分封而孤立无援，他分析了秦败亡的原因：

> 不数载而天下大坏，其有由矣。亟役万人，暴其威刑，竭其货贿，负锄梃谪戍之徒，圜视而合纵，大呼而成群。时则有叛人而无叛吏，人怨于下而吏畏于上，天下相合，杀守劫令而并起，咎在人怨，非郡邑之制失也。

秦之所以败，是因为民众的负担太重，许多大工程一时并起，引起民怨而导致民众造反，其失不在于制，而在于政。对此柳宗元以汉初七国之乱为例说明：

> 汉有天下，矫秦之枉，徇周之制，剖海内而立宗子……然而封建之始，郡国居半，时则有叛国而无叛郡，秦制之得亦以明矣，继汉而帝者，虽百代可知也。

毛主席那句“百代都行秦政法”便由此而来，汉初动乱出于封国，而不在郡县。接着柳宗元讲到唐代所以出现藩镇割据的局面，其云：

唐兴，制州邑，立守宰，此其所以为宜也，然犹桀猾时起，虐害方域者，失不在于州，而在于兵，时则有叛将而无叛州，州县之设，固不可革也。……

今国家尽制郡邑，连置守宰，其不可变也固矣。善制兵，谨择守，则理平矣。

这是柳宗元对中唐以后藩镇割据问题开出的处方，关键是整顿军队，地方上军政合一必然带来国家不稳定的因素。

当然，郡县制也有不足之处。顾炎武在《郡县论一》中称："秦之亡，不封建亡，封建亦亡。"认为秦的灭亡在于自身，与封建制无关。他同时指出明末郡县制同样存在弊病，主要原因在于中央对地方管得太死，地方各级官僚唯上是从，只看重自己官位的上升空间，"无肯为民兴一日之利者"，"民乌得而不穷，国乌得而不弱？"他的批评确实击中了官本位之弊端的要害，其解决之道一是要让官员树立为人民服务之宗旨，二是要给予地方官员一定自主权，使之有条件根据各地实际情况发展民生。毛泽东《论十大关系》中也对中央与地方关系作了详细论述，其中明确指出中央与地方在发展中存在矛盾之处，"应当在巩固中央统一领导的前提下，扩大一点地方的权力，给地方更多的独立性，让地方办更多的事情"。这就是说要发挥地方的积极性，才能促进地方经济的发展。在市场经济条件下，宏观是国家，微观是企业，从宏观上要调动企业家经营的积极性，企业则要调动工人生产劳动的积极性。在宏观与微观之间承上启下的环节是各个地方政府，地方政府之间也有竞争，主要是区位优势、资源优势、历史积淀三个方面的竞争，关键需要协调好方方面面的积极性，促进整个国民经济平稳有序地向前发展。

第十一条　评李斯焚书之议

李斯上书曰：……臣请史官非秦记皆烧之，有偶语《诗》《书》者弃市，以古非今者族。所不去者，医药卜筮种树之书。若欲有学法令，以吏为师。”制曰：“可。”

【评】

大是英雄之言，然下手太毒矣。当战国横议之后，势必至此。自是儒生千古一劫，埋怨不得李丞相、秦始皇也。

【释】

通常来说，秦始皇的主要恶名是焚书坑儒，这是两件事，本条主题是焚书。焚书令发生在秦始皇三十四年（前 213 年），坑儒的事则是在秦始皇三十五年（前 212 年），故《史记·秦始皇本纪》分别记载两件事。毛主席辑录李斯的奏文，只取李斯所建议之结论部分，李贽《史纲评要》此条所录李斯之建议亦非全文，没有叙述引起这场争论和下令焚书的原因，所以还得回到《史记·秦始皇本纪》中比较完整的初始记录才能弄清楚此事。时间是在秦始皇三十四年（前213年），其云：

> 始皇置酒咸阳宫，博士七十人前为寿。仆射周青臣进颂曰："他时秦地不过千里，赖陛下神灵明圣，平定海内，放逐蛮夷，日月所照，莫不宾服。以诸侯为郡县，人人自安乐，无战争之患，传之万世。自上古不及陛下威德。"始皇悦。博士齐人淳于越进曰："臣闻殷周之王千余岁，封子弟功臣，自为枝辅。今陛下有海内，而子弟为匹夫，卒有田常、六卿之臣，无辅拂，何以相救哉？事不师古而能长久者，非所闻也。今青臣又面谀以重陛下之过，非忠臣。"

这是一次给秦始皇祝寿的宴会，据《汉书·百官公卿表》："博士，秦官，掌通古今，秩比六百石，员多至数十人。"属奉常管辖，掌宗庙礼仪。又称："仆射，秦官，自侍中、尚书、博士、郎皆有。古者重武官，有主射以督课之，军屯吏、驺、宰、永巷宫人皆有，取其领事之号。"祝寿的活动是一次礼仪活动，有七十位博士参加，仆射周青臣代表博士们致祝寿词，齐人淳于越是博士之一。周青臣的祝寿词中，肯定了秦始皇"以诸侯为郡县"，"人人自安乐，无战争之患，传之万世。自上古不及陛下威德”。郡县制的确定是在秦始皇二十六年（前 221 年）那次会议上，当时丞相王绾曾以燕、齐、荆地远，建议立诸子为王，以镇服之。廷尉李斯反对，认为时间久了，同姓王也靠不住，分封不便于久远。最后是秦始皇拍板，“天下共苦战斗不休，以有侯王。赖宗庙，天下初定，又复立国，是树兵也，而求其宁息，岂不难哉！廷尉议是”（《史记·秦始皇本纪》）。

这次是齐人博士淳于越推翻既定之案，以齐有田常之变、晋有六卿之臣最终韩赵魏三家分晋为例，声称“事不师古而能长久者，非所闻也”，认为周有千余岁，靠的是子弟分封诸王。这些议论，表面上批评仆射周青臣“面谀”，其矛头所指实际上是秦始皇二十六年的那次决策。秦始皇要朝臣议论此事之是非，建议实行郡县制的是李斯，这才引起李斯那番议论和建议。李斯先是从观念上批驳了“事不师古而能长久者，非所闻也”，强调没有亘古不变的东西，他说：“五帝不相复，三代不相袭，各以治，非其相反，时变异也。”不能厚古薄今，什么都是随时变异的。他认为：“今陛下创大业，建万世之功，固非愚儒所知。”并且指责淳于越所言“乃三代之事”，“何足法也？”然后指出战国时士大夫游学的风气不好，“今诸生不师今而学古，以非当世，惑乱黔首”。这样会扰乱民心，不利于国家的稳定。李斯强调：“今天下已定，法令出一，百姓当家则力农工，士则学习法令辟禁。”

意为老百姓应力农工之业，士大夫要好好学习法令，以法治国。李斯进一步解释春秋战国乱局的原因："古者天下散乱，莫之能一，是以诸侯并作，语皆道古以害今，饰虚言以乱实，人善其所私学，以非上之所建立。"所谓"道古以害今"，那是儒墨的作品，韩非子《显学》称："世之显学，儒、墨也。儒之所至，孔丘也。墨之所至，墨翟也。"又言：

> 孔子、墨子俱道尧、舜，而取舍不同，皆自谓真尧、舜，尧、舜不复生，将谁使定儒、墨之诚乎？殷、周七百余岁，虞、夏二千余岁，而不能定儒、墨之真；今乃欲审尧、舜之道于三千岁之前，意者其不可必乎！无参验而必之者，愚也；弗能必而据之者，诬也。故明据先王，必定尧、舜者，非愚则诬也。

在战国时代，强调尧舜最多的，就是孟子。在古今关系这个基本观念上，秦始皇与韩非是相通的，淳于越在朝廷上可以这样公开地讲，那么在朝堂之外私下议论者就更多了。所以李斯进一步说：

> 今皇帝并有天下，别黑白而定一尊。私学而相与非法教，人闻令下，则各以其学议之，入则心非（指在朝堂上，

内心非议朝廷的重大决策），出则巷议（指在朝堂之外的街头巷尾随意非议官府决策），夸主以为名，异取以为高，率群下以造谤。（《史记·秦始皇本纪》）

名义上尊敬皇上，实际则标新立异以显示自己的高明，结果是毁谤的议论满天飞。这种情况时间久了，对朝廷有很坏的影响，“主势降乎上，党与成乎下”，如果不加以禁止的话，其结局便是如此，所以禁之为便。李斯的政策建议是：

臣请史官非秦记皆烧之。非博士官所职，天下敢有藏诗、书、百家语者，悉诣守、尉杂烧之。有敢偶语诗书者弃市。以古非今者族。吏见知不举者与同罪。令下三十日不烧，黥为城旦。所不去者，医药卜筮种树之书。若欲有学法令，以吏为师。（《史记·秦始皇本纪》）

对李斯这份政策建议，也应作一些具体的分析，要弄清它的背景和这个建议的层次。焚书不是所有书都烧，还是有区别的，“医药卜筮种树之书”不在其内，换一句话说，医药生产之书籍不在禁例。其次层次上也有区别，诸博士官职范围之内有关《诗》《书》及诸子之书是可以保存的。在民间的要烧，“以古非今者族”，那是指有言论和行动反对当今朝廷的要镇压。最终秦始皇批准这份政策建议，对这份政策建议执行的情况，也要作一些具体分析。

秦始皇时讲《诗》《书》和礼仪制度的是儒生，先说一下儒生的遭遇。鄙视儒生在当时是一种社会风气，不仅秦始皇看不起儒生，楚汉相争时，项羽比较喜欢儒生，刘邦则不喜欢儒生，这在《史记》中亦有记载。郦食其通过刘邦麾下骑士要求见沛公刘邦，那个骑士对他说："沛公不好儒，诸客冠儒冠来者，沛公辄解其冠，溲溺其中。与人言，常大骂。未可以儒生说也。"（《史记·郦生陆贾列传》）在刘邦心目中，儒生过于迂腐，无法应对当前之急难。又如叔孙通，是秦的博士，他先投奔项梁，项梁败后投奔楚怀王，后又事项羽。刘邦入彭城时，叔孙通从汉，史称："叔孙通儒服，汉王憎之；乃变其服，服短衣，楚制，汉王喜。"（《史记·刘敬叔孙通列传》）可见儒生在人们心目中的地位不高。《史记·刘敬叔孙通列传》称：

> 叔孙通之降汉，从儒生弟子百余人，然通无所言进，专言诸故群盗壮士进之。弟子皆窃骂曰："事先生数岁，幸得从降汉，今不能进臣等，专言大猾，何也？"叔孙通闻之，乃谓曰："汉王方蒙矢石争天下，诸生宁能斗乎？故先言斩将搴旗之士。诸生且待我，我不忘矣。"

要等天下大定之后，制定朝仪时才用得到儒生。从《史记》

的记载可以知道，楚汉之争不过五年时间，那些追随叔孙通的儒生弟子一百多人，秦始皇时便跟随叔孙通，这个案例说明秦始皇之“坑儒”，坑的是方士，不是儒生，否则叔孙通身边怎么可能还有那么多儒生呢？此外我们再看孔子的老家曲阜在秦始皇时的情况，《史记·孔子世家》载孔子之第九代孔鲋，“为陈王涉博士，死于陈下”。《汉书·儒林传》记载：

> 及至秦始皇兼天下，燔《诗》《书》，杀术士，六学从此缺矣。陈涉之王也，鲁诸儒持孔氏礼器往归之，于是孔甲为涉博士，卒与俱死。

班固认为这是“积怨而发愤于陈王也”，实际上曲阜的孔府并未受到大的影响。司马迁曾到过曲阜，《孔子世家》太史公曰：

> 适鲁，观仲尼庙堂车服礼器，诸生以时习礼其家，余祗回留之不能去云。天下君王至于贤人众矣，当时则荣，没则已焉。孔子布衣，传十余世，学者宗之。自天子王侯，中国言六艺者折中于夫子，可谓至圣矣！

再说“焚书”对文书典籍的影响。秦有挟书律，刘邦有一个弟弟刘交，汉六年封为楚王，《汉书·楚元王传》称：

楚元王交字游，高祖同父少弟也。好书，多材艺。少时尝与鲁穆生、白生、申公俱受《诗》于浮丘伯。伯者，孙卿门人也。及秦焚书，各别去。

可见当时秦之焚书曾有一些影响，实际执行的情况有限。秦亡之后，这一条“挟书律”名存实亡，汉承秦律，至惠帝四年（前191年）春三月，“除挟书律”。挟，藏也，民间藏书的情况仍有不少。《史记·郦生陆贾列传》称：

陆生时时前说称《诗》《书》，高帝骂之曰：“乃公居马上而得之，安事诗书！”陆生曰：“居马上得之，宁可以马上治之乎？”

这段对话说明，当时《诗》《书》还在，并没有焚尽。此外楚元王刘交到达楚地以后，便以穆生、白生、申公为中大夫，他们的老师浮丘伯在长安。吕后执政时，楚元王派其子郢客与申公俱至长安拜见浮丘伯，学《诗》卒其业，于是申公为《诗》，号为《鲁诗》，如今我们见到的《诗经》是《毛诗》，其传授的脉络也是出于荀子，授鲁人毛亨，毛亨作训诂以传毛苌，《汉书·儒林传》则称：“毛公，赵人也，治《诗》，为河间献王博士。”史称毛亨为大毛公，毛苌为小毛公，东汉郑玄笺《毛诗》是为大毛公的诗作注。故《诗》的传承从战国、秦至汉，并未中断。至于《书》的传授，《汉书·儒林传》记载：

伏生，济南人也，故为秦博士。孝文时，求能治《尚书》者，天下亡有，闻伏生治之，欲召。时伏生年九十余，老不能行，于是诏太常，使掌故朝错往受之。秦时禁《书》，伏生壁藏之，其后大兵起，流亡。汉定，伏生求其《书》，亡数十篇，独得二十九篇，即以教于齐、鲁之间。齐学者由此颇能言《尚书》，山东大师亡不涉《尚书》以教。伏生教济南张生及欧阳生。张生为博士，而伏生孙以治《尚书》征，弗能明定。是后鲁周霸、雒阳贾嘉颇能言《尚书》云。欧阳生字和伯，千乘人也。事伏生，授倪宽。宽又授业孔安国，至御史大夫。

由此可以知道，《诗》《书》的传授自战国荀卿以下，其传承系统自秦至汉，并未中断过，焚书的影响只是短短几年。

至于民间藏书的情况，《汉书·景十三王传》称：

河间献王德以孝景前二年立，修学好古，实事求是。从民得善书，必为好写与之，留其真，加金帛赐以招之。繇是四方道术之人不远千里，或有先祖旧书，多奉以奏献王者，故得书多，与汉朝等。……献王所得书皆古文先秦旧书，《周官》《尚书》《礼》《礼记》《孟子》《老子》之属，皆经传说记，七十子之徒所论。其学举六艺，立《毛氏诗》《左氏春秋》博士。修礼乐，被服儒术，造次必于儒者。

此外，《汉书·景十三王传》称：

恭王初好治宫室，坏孔子旧宅以广其宫，闻钟磬琴瑟之声，遂不敢复坏，于其壁中得古文经传。

故汉初自民间还涌现出大量先秦古籍，这并非说先秦古籍都保存下来了，但确实保存了大部分。西晋汲冢还出土了一部分古籍，至近现代考古，在战国和秦汉的墓葬中也出土了未见于著录的先秦典籍，当然这有历史自然淘汰的因素。

李贽对秦始皇、李斯的这一番议论也有一定道理。战国末年，诸多说客游说于各国之间，当战国横议之后，秦统一六国，自有意识形态上定于一尊的客观需要，李贽认为“势所必至”，有其道理。任何事物都有两重性，思想观念上的不同认识，靠禁和焚不可能解决问题，还应采取辩论说服的办法，以理服人，让人们心服口服。靠焚和禁的办法，往往令人口服心不服，只能收效于一时，事后还是会出现反复的。故李贽一方面说其“大是英雄之言”，另一方面说“然下手太毒矣”，对儒生自是“千古一劫”。当然，劫后仍有余生，自此秦始皇千百年来成了儒生们咒骂的对象，这也过头了。对秦始皇焚书诅咒最多的还是汉代的儒生们，宋人洪迈《容斋随笔》有一条笔记《秦隋之恶》，他说：

自三代讫于五季，为天下君而得罪于民，为万世所麾斥者，莫若秦与隋，岂二氏之恶浮于桀纣哉？盖秦之后即为汉，隋之后即为唐，皆享国久长，一时论议之臣，指引前世，必首及之。

后朝以否定前朝来肯定自身的合法性，亦是惯常手法。事实上桀纣之恶亦不似如是之甚，问题是现实的需要，这一点古今倒是相通的。洪迈所举汉人之例，大都出自儒生，亦即当时的知识分子，今列举于下：

张良曰：“秦为无道，故沛公得入关，为天下除残去贼。”

陆贾曰：“秦任刑法不变，卒灭嬴氏。”

……

贾谊曰：“商君遗礼谊，弃仁恩，并心于进取，行

> 之二岁，秦俗日败，灭四维而不张，君臣乖乱，六亲殃戮，万民离叛，社稷为虚。”
>
> ……
>
> 董仲舒曰：“秦重禁文学，不得挟书，弃捐礼谊而恶闻之，其心欲尽灭先圣之道，而颛为自恣苟简之治，自古以来，未尝有以乱济乱，大败天下之民如秦者也。”又曰：“师申商之法，行韩非之说，憎帝王之道，以贪狼为俗，赋敛亡度，竭民财力，群盗并起，死者相望，而奸不息。”（《容斋随笔·秦隋之恶》）

其实秦之速亡，怎么能都归咎于秦始皇呢，二世和赵高要负主要责任，这个案子应翻过来，但说起来容易，要达到这个目的则很困难。

第十二条　评秦二世胡亥继位

高乃与斯谋，诈为受始皇诏，立胡亥为太子。……胡亥至咸阳，发丧袭位。

【评】

始皇出世，李斯相之，天崩地坼，掀翻一个世界，是圣是魔，未可轻议。使扶苏嗣位，即二世、三世传之无穷，何所不可。自贼臣赵高杀太子，立胡亥，秦此时已无生气矣。赵高、胡亥，可胜诛哉！

【释】

李贽《史纲评要》所引这一段文字，见于《史记·秦始皇本纪》，时间在秦始皇三十七年（前210年），为便于理解事件之全过程及李贽的评语，今录《史记》原文于下。

> 至平原津而病。始皇恶言死，群臣莫敢言死事。上病益甚，乃为玺书赐公子扶苏曰："与丧会咸阳而葬。"书已封，在中车府令赵高行符玺事所，未授使者。七月丙寅，始皇崩于沙丘平台。丞相斯为上崩在外，恐诸公子及天下有变，乃秘之，不发丧。棺载辒辌车中，故幸宦者参乘，所至上食。百官奏事如故，宦者辄从辒辌车中可其奏事。独子胡亥、赵高及所幸宦者五六人知上死。赵高故尝教胡亥书及狱律令法事，胡亥私幸之。高乃与公子胡亥、丞相斯阴谋破去始皇所封书赐公子扶苏者，而更诈为丞相斯受始皇遗诏沙丘，立子胡亥为太子。更为书赐公子扶苏、蒙恬，数以罪，赐死。语具在李斯传中。行，遂从井陉抵九原。会暑，上辒车臭，乃诏从官令车载一石鲍鱼，以乱其臭。行从直道至咸阳，发丧。太子胡亥袭位，为二世皇帝。九月，葬始皇郦山。

李贽的引文和评语中涉及的人物有赵高、李斯、胡亥、扶苏四个人，在《史记·秦始皇本纪》的记事中，还涉及的另一个人物是蒙恬。

关于赵高的出身，《史记·蒙恬列传》称：

> 赵高者，诸赵疏远属也。赵高昆弟数人，皆生隐宫，

其母被刑僇，世世卑贱。秦王闻高强力，通于狱法，举以为中车府令。高既私事公子胡亥，喻之决狱。高有大罪，秦王令蒙毅法治之。毅不敢阿法，当高罪死，除其宦籍。帝以高之敦于事也，赦之，复其官爵。

对于这一段文字，有几个问题需要说明一下。关于隐宫，《史记》之《索隐》云："盖其父犯宫刑，妻子没为官奴婢，妻后野合所生子皆承赵姓，并宫之，故云'兄弟生隐宫'。"此即从小便受宫刑而为宦官，这是赵高的出身。关于中车府令，《汉书·百官公卿表》载，太仆寺下属有车府令，掌管车辆。中车府令即是指宫廷内负责车辆管理的宦官。故秦始皇出行时，赵高能成为秦始皇身边贴身的宦官。蒙毅是蒙恬的弟弟，《史记·蒙恬列传》称：

是时蒙恬威振匈奴。始皇甚尊宠蒙氏，信任贤之。而亲近蒙毅，位至上卿，出则参乘，入则御前。恬任外事而毅常为内谋，名为忠信，故虽诸将相莫敢与之争焉。

赵高犯罪时，这个案子是蒙毅审的，蒙毅依法判处其死刑，除其宦籍。秦始皇心慈手软，宽恕了他，使其官复原职，但赵高从此与蒙氏结下了仇怨。

关于扶苏和胡亥，《史记·李斯列传》称：

> 始皇三十七年十月，行出游会稽，并海上，北抵琅邪。丞相斯、中车府令赵高兼行符玺令事，皆从。始皇有二十余子，长子扶苏以数直谏上，上使监兵上郡，蒙恬为将。少子胡亥爱，请从，上许之。余子莫从。

扶苏谏始皇事发生于秦始皇三十五年（前212年）焚书坑儒事件以后，《史记·秦始皇本纪》云：

> 始皇长子扶苏谏曰："天下初定，远方黔首未集，诸生皆诵法孔子，今上皆重法绳之，臣恐天下不安。唯上察之。"始皇怒，使扶苏北监蒙恬于上郡。

上郡的治所肤施即今之延安，秦始皇去世的地点在沙丘平台，应在今河北巨鹿以北，去咸阳有一千五百六十里。

秦始皇是在病危时，"为玺书赐公子扶苏曰：'与丧会咸阳而葬。'书已封，在中车府令赵高行符玺事所，未授使者。"那么赵高知道秦始皇这份遗嘱的内容，知道扶苏是未来按正常程序继承秦始皇帝位的人。而扶苏与蒙恬在一起，蒙恬的弟弟蒙毅是曾经审讯自己的人，如果扶苏即位，那自己就没有前途了。据《史记·李斯列传》记载：

李斯以为上在外崩，无真太子，故秘之。置始皇居辒辌车中，百官奏事上食如故，宦者辄从辒辌车中可诸奏事。

于是赵高利用这一段空隙的时间，主动与胡亥一起策划篡位之事，《史记·李斯列传》载二人对话之事：

赵高因留所赐扶苏玺书，而谓公子胡亥曰："上崩，无诏封王诸子而独赐长子书。长子至（依嫡长子继位的传统），即立为皇帝，而子无尺寸之地，为之奈何？"胡亥曰："固也。吾闻之，明君知臣，明父知子。父捐命，不封诸子，何可言者！"赵高曰："不然。方今天下之权，存亡在子与高及丞相耳，愿子图之。且夫臣人与见臣于人，制人与见制于人，岂可同日道哉！"胡亥曰："废兄而立弟，是不义也；不奉父诏而畏死，是不孝也；能薄而材谫，强因人之功，是不能也。三者逆德，天下不服，身殆倾危，社稷不血食。"

从胡亥这一番话可见，最初他还是讲道理的，下面是赵高的话：

> 高曰："臣闻汤、武杀其主，天下称义焉，不为不忠。卫君杀其父，而卫国载其德，孔子著之，不为不孝。夫大行不小谨，盛德不辞让，乡曲各有宜而百官不同功。故顾小而忘大，后必有害；狐疑犹豫，后必有悔。断而敢行，鬼神避之，后有成功。愿子遂之！"胡亥喟然叹曰："今大行未发，丧礼未终，岂宜以此事干丞相哉！"

可见赵高这一番只讲利害、不讲道义的话，最终打动了胡亥，但胡亥还有顾虑，关键是如何说服丞相李斯。于是赵高去策动李斯：

> 胡亥既然高之言，高曰："不与丞相谋，恐事不能成，臣请为子与丞相谋之。"高乃谓丞相斯曰："上崩，赐长子书，与丧会咸阳而立为嗣。书未行，今上崩，未有知者也。（看来秦始皇去世时，是赵高故意把秦始皇赐扶苏书扣留不发的。）所赐长子书及符玺皆在胡亥所（这是赵高欺骗李斯的话，东西都在赵高手上），定太子在君侯与高之口耳。事将何如？"斯曰："安得亡国之言！此非人臣所当议也！"（李斯直觉是对的。）高曰："君侯自料能孰与蒙恬？功高孰与蒙恬？谋远不失孰与蒙恬？无怨于天下孰与蒙恬？长子旧而信之孰与蒙恬？"斯曰：

“此五者皆不及蒙恬，而君责之何深也？”高曰：“高固内官之厮役也，幸得以刀笔之文进入秦宫，管事二十余年，未尝见秦免罢丞相功臣有封及二世者也，卒皆以诛亡。皇帝二十余子，皆君之所知。长子刚毅而武勇，信人而奋士，即位必用蒙恬为丞相，君侯终不怀通侯之印归于乡里，明矣。高受诏教习胡亥，使学以法事数年矣，未尝见过失。慈仁笃厚，轻财重士，辩于心而诎于口，尽礼敬士，秦之诸子未有及此者，可以为嗣。君计而定之。”斯曰：“君其反位！斯奉主之诏，听天之命，何虑之可定也？”（这时候李斯的态度还是对的，他拒绝了赵高的说辞，要赵高返其原本岗位。）高曰：“安可危也，危可安也。安危不定，何以贵圣？”斯曰：“斯，上蔡闾巷布衣也，上幸擢为丞相，封为通侯，子孙皆至尊位重禄者，故将以存亡安危属臣也。岂可负哉！夫忠臣不避死而庶几，孝子不勤劳而见危，人臣各守其职而已矣。君其勿复言，将令斯得罪。”（李斯再次拒绝了赵高的说辞。）高曰：“盖闻圣人迁徙无常，就变而从时，见末而知本，观指而睹归。物固有之，安得常法哉！方今天下之权命悬于胡亥，高能得志焉。且夫从外制中谓之惑，从下制上谓之贼。故秋霜降者草花落，水摇动者万物作，此必然之效也。君何见之晚？”斯曰：“吾闻晋易太子，三世不安；齐桓兄弟争位，身死为戮；纣杀亲戚，不听谏者，国为丘墟，遂危社稷。三者逆天，宗庙不血食。斯其犹人哉，安足为谋！”（李斯以历史教训，拒绝了赵高的说辞，但对赵高之用心反对得不坚决。）高曰：“上下合同，可以长久；中外若一，事无表里。君听臣之计，即长有封侯，世世称孤，必有乔松之寿、孔墨之智。今释此而不从，祸及子孙，足为寒心。善者因祸为福，君何处焉？”（赵高最终以个人利害关系打动李斯，这是挟胡亥以逼李斯。）斯乃仰天而叹，垂泪太息曰：“嗟乎！独遭乱世，既以不能死，安托命哉！”于是斯乃听高。高乃报胡亥曰：“臣请奉太子之明命以报丞相，丞相斯敢不奉令！”

这一段文字，介绍了赵高策划这一场宫廷政变的过程。始作俑者赵高，逼从胡亥，然后挟胡亥之位以威逼李斯而完成这场宫廷政变。秦始皇去世这一年不过五十岁，死在路上，死之前他也没有想过身后如何交接班的问题。在中央集权的政治体制下，帝王的交接班、接班人的培养、交接的过程，始终有许多意想不到的变数。在中国历史上，历代帝王的交接班过程，始终都伴随着各种危机和困局。

赵高既然取得胡亥的支持，又逼着李斯参与合谋，这样内外朝权力合一，于是可以具体策划他们的阴谋活动了。秦始皇躺在辒辌车内，当然无法起身阻挡这场宫廷政变的阴谋活动了。赵高既取得胡亥与李斯一起合谋的承诺，就开始动手了，《史记·李斯列传》记载：

> 于是乃相与谋，诈为受始皇诏丞相，立子胡亥为太子。更为书赐长子扶苏曰："朕巡天下，祷祠名山诸神以延寿命。今扶苏与将军蒙恬将师数十万以屯边，十有余年矣，不能进而前，士卒多耗，无尺寸之功，乃反数上书直言诽谤我所为，以不得罢归为太子，日夜怨望。扶苏为人子不孝，其赐剑以自裁！将军恬与扶苏居外，不匡正，宜知其谋。为人臣不忠，其赐死，以兵属裨将王离。"封其书以皇帝玺，遣胡亥客奉书赐扶苏于上郡。
>
> 使者至，发书，扶苏泣，入内舍，欲自杀。蒙恬止扶苏曰："陛下居外，未立太子，使臣将三十万众守边，公子为监，此天下重任也。今一使者来，即自杀，安知其非诈？请复请，复请而后死，未暮也。"使者数趣之。扶苏为人仁，谓蒙恬曰："父而赐子死，尚安复请！"即自杀。蒙恬不肯死，使者即以属吏，系于阳周。
>
> 使者还报，胡亥、斯、高大喜。至咸阳，发丧，太子立为二世皇帝。以赵高为郎中令，常侍中用事。

至此，这场宫廷政变的阴谋全部得逞，事实上最后这三个人都没有好下场。

李贽的评语对秦始皇、李斯与赵高、胡亥还是有区别的，认为秦始皇与李斯建立统一帝国还是有功的，称其“掀翻一个世界”。历史不能假设，若是扶苏继位，秦不至于二世而亡吧，说秦能“传之无穷”那就过于夸张了。对赵高则称为“贼臣”，胡亥为秦二世，则秦之气数已尽，故云“秦此时已无生气矣”。秦之亡，在于赵高与胡亥，故云其罪“可胜诛哉！”最终赵高、胡亥、李斯三人都不得善终。

“评秦二世胡亥继位”这个标题是毛泽东在晚年亲自加的，当亦是有感而发。历史上雄才大略的君主，到交接班时，往往遇到困境，对赵高这类贴身的小人防不胜防。汉、唐、明这些王朝都遇到过此类小人，他们历史上都有过污点，故在平时显得特别温顺可信，但在关键时刻方显示其恶劣的本性，他们所处的特殊地位往往极易给王朝带来致命性伤害，赵高便是这类人物的一个具有代表性的典型案例。

第十三条　评赵高杀李斯

二世乃常居禁中，事皆决于高。高闻李斯以为言，乃曰：“丞相长男李由为三川守，与盗通。且丞相居外，权重于陛下。”二世下斯狱，论腰斩咸阳市，夷三族，乃以高为丞相。

【评】

深拱禁中始此，后世多踵其覆辙，何也？李斯杀人众多，应受此报，自是亢龙之悔。然斯，龙也；高，蛆也。后人以两人同传，冤哉！

【释】

李贽摘录的文字，出于《史记·李斯列传》。这一段文字反映了两个问题，一是二世深居禁中，不与群臣见面，那么一切重大决策实际上皆出自赵高，这样赵高独揽大权；二是“李斯以为言”，是指李斯不赞同二世深居禁中，不与群臣见面的状态。这两件事的背景，实为内外朝之间争夺决策权的矛盾斗争。这里先探究秦二世何以会深居禁中，不与群臣见面。《史记·李斯列传》称：

> 初，赵高为郎中令，所杀及报私怨众多，恐大臣入朝奏事毁恶之，乃说二世曰："天子所以贵者，但以闻声，群臣莫得见其面，故号曰'朕'。且陛下富于春秋，未必尽通诸事，今坐朝廷，谴举有不当者，则见短于大臣，非所以示神明于天下也。且陛下深拱禁中，与臣及侍中习法者待事，事来有以揆之。如此则大臣不敢奏疑事，天下称圣主矣。"二世用其计，乃不坐朝廷见大臣，居禁中。赵高常侍中用事，事皆决于赵高。

这个办法把君王与朝廷分隔开来，那么君王的决策权便落在掌控内廷的宦官首领也就是赵高手上。赵高分隔二世与朝臣之间的联系，另一个办法便是使二世荒于逸乐，然后让李斯在二世沉迷于酒色时去见二世，挑起二者之间不欢。《史记·李斯列传》载：

> 高闻李斯以为言，乃见丞相曰："关东群盗多，今上急益发繇治阿房宫，聚狗马无用之物。臣欲谏，为位贱。此真君侯之事，君何不谏？"李斯曰："固也，吾欲言之久矣。今时上不坐朝廷，上居深宫，吾有所言者，

> 不可传也，欲见无间。”赵高谓曰：“君诚能谏，请为君候上间语君。”于是赵高待二世方燕乐，妇女居前，使人告丞相：“上方间，可奏事。”丞相至宫门上谒，如此者三。二世怒曰：“吾常多闲日，丞相不来。吾方燕私，丞相辄来请事。丞相岂少我哉？且固我哉？”

帝王耽于逸乐，必荒于政事，这便为宦竖们篡夺中枢权力提供了机会，这是历朝历代帝王身边宦官们在年幼无知的帝王身边玩弄权术的一种手段。唐朝文宗时，有一宦官仇士良，他年老退休时，众宦官送其还第，他告诉其后任之宦官自己掌握权力的经验，《新唐书·卷一百三十二·宦者上·仇士良传》载：

> 士良之老，中人举送还第，谢曰：“诸君善事天子，能听老夫语乎？”众唯唯。士良曰：“天子不可令闲暇，暇必观书，见儒臣，则又纳谏，智深虑远，减玩好，省游幸，吾属恩且薄而权轻矣。为诸君计，莫若殖财货，盛鹰马，日以球猎声色蛊其心，极侈靡，使悦不知息，则必斥经术，阍外事，万机在我，恩泽权力欲焉往哉？”

从赵高到仇士良，可以知道这是宦官们把帝王玩弄于股掌之上的一种传统手段，那样才能“万机在我”，才有“恩泽权力”在手。

不仅如此，帝王在他们掌控之下，不过是一个玩偶而已。那时秦二世的地位就是如此，任由赵高摆布。赵高趁秦二世不高兴的时候，挑拨秦二世与李斯的关系，《史记·李斯列传》云：

赵高因曰："如此殆矣！夫沙丘之谋，丞相与焉。今陛下已立为帝，而丞相贵不益，此其意亦望裂地而王矣。且陛下不问臣，臣不敢言。丞相长男李由为三川守，楚盗陈胜等皆丞相傍县之子，以故楚盗公行，过三川，城守不肯击。高闻其文书相往来，未得其审，故未敢以闻。且丞相居外，权重于陛下。"二世以为然。欲案丞相，恐其不审，乃使人案验三川守与盗通状。李斯闻之。

这样李斯与赵高之间的矛盾便公开化了，李斯知道赵高使人查其子的事，当然会有所反应。

是时二世在甘泉，方作觳抵优俳之观。李斯不得见，因上书言赵高之短曰："臣闻之，臣疑其君，无不危国；妾疑其夫，无不危家。今有大臣于陛下擅利擅害，与陛下无异，此甚不便。昔者司城子罕相宋，身行刑罚，以威行之，期年遂劫其君。田常为简公臣，爵列无敌于国，私家之富与公家均，布惠施德，下得百姓，上得群臣，阴取齐国，杀宰予于庭，即弑简公于朝，遂有齐国。此天下所明知也。今高有邪佚之志，危反之行，如子罕相宋也；私家之富，若田氏之于齐也。兼行田常、子罕之逆道而劫陛下之威信，其志若韩玘为韩安相也。陛下不图，臣恐其为变也。”

这一份上书，是李斯与赵高之间决裂的表现，其背景是赵高掌控之内廷与外朝之间的决裂，最终要看秦二世的态度，但秦二世在内廷受赵高掌控，那么李斯之败已成定局。

二世曰：“何哉？夫高，故宦人也，然不为安肆志，不以危易心，絜行脩善，自使至此，以忠得进，以信守位，朕实贤之，而君疑之，何也？且朕少失先人，无所识知，不习治民，而君又老，恐与天下绝矣。朕非属赵君，当谁任哉？且赵君为人精廉强力，下知人情，上能适朕，君其勿疑。”李斯曰：“不然。夫高，故贱人也，无识于理，贪欲无厌，求利不止，列势次主，求欲无穷，臣故曰殆。”二世已前信赵高，恐李斯杀之，乃私告赵高。高曰：“丞相所患者独高，高已死，丞相即欲为田常所为。”于是二世曰：“其以李斯属郎中令！”

这一段记载貌似纯属李斯与赵高之间的争执，《史记·秦始皇本纪》则有所不同，似是整个外朝与李斯站在一起，为国事而争，今录其文于下。

> 二世常居禁中，与高决诸事。其后公卿希得朝见，盗贼益多，而关中卒发东击盗者毋已。右丞相去疾、左丞相斯、将军冯劫进谏曰："关东群盗并起，秦发兵诛击，所杀亡甚众，然犹不止。盗多，皆以戍漕转作事苦，赋税大也。请且止阿房宫作者，减省四边戍转。"二世曰："吾闻之韩子曰：'尧舜采椽不刮，茅茨不翦，饭土熘，啜土形，虽监门之养，不觳于此。禹凿龙门，通大夏，决河亭水，放之海，身自持筑臿，胫毋毛，臣虏之劳不烈于此矣。'凡所为贵有天下者，得肆意极欲，主重明法，下不敢为非，以制御海内矣。夫虞、夏之主，贵为天子，亲处穷苦之实，以徇百姓，尚何于法？朕尊万乘，毋其实，吾欲造千乘之驾，万乘之属，充吾号名。且先帝起诸侯，兼天下，天下已定，外攘四夷以安边境，作宫室以章得意，而君观先帝功业有绪。今朕即位二年之间，群盗并起，君不能禁，又欲罢先帝之所为，是上毋以报先帝，次不为朕尽忠力，何以在位？"

从去疾、李斯、冯劫三人的谏言看，这是符合当时实际情况的，而二世这番强词夺理的话当出自赵高之口，二世不可能讲出这番道理来，他怎么可能引韩非子的那些话，把“群盗并起”的责任归罪于李斯他们没有尽忠尽力，有负于先帝，“何以在位？”而要追究他们的责任，这就完全颠倒是非黑白了。“下去疾、斯、劫吏，案责他罪。去疾、劫曰：‘将相不辱。’自杀。斯卒囚，就五刑。”《史记·李斯列传》记载李斯被拘以后，有一大段内心独白，其云：

> 赵高案治李斯。李斯拘执束缚，居囹圄中，仰天而叹曰：“嗟乎，悲夫！不道之君，何可为计哉！昔者桀杀关龙逢，纣杀王子比干，吴王夫差杀伍子胥。此三臣者，岂不忠哉，然而不免于死，身死而所忠者非也。今吾智不及三子，而二世之无道过于桀、纣、夫差，吾以忠死，宜矣。且二世之治岂不乱哉！日者夷其兄弟而自立也，杀忠臣而贵贱人，作为阿房之宫，赋敛天下。吾非不谏也，而不吾听也。凡古圣王，饮食有节，车器有数，宫室有度，出令造事，加费而无益于民利者禁，故能长久治安。今行逆于昆弟，不顾其咎；侵杀忠臣，不思其殃；大为宫室，厚赋天下，不爱其费：三者已行，天下不听。今反者已有天下之半矣，而心尚未寤也，而以赵高为佐，

吾必见寇至咸阳，麋鹿游于朝也。”

这一大段内心独白，司马迁何以知晓？若真有，那么又如何能保存下来？这也许是司马迁根据当时的形势所作合情合理的创作。至于具体审案的情况，《史记·李斯列传》云：

于是二世乃使高案丞相狱，治罪，责斯与子由谋反状，皆收捕宗族宾客。赵高治斯，榜掠千余，不胜痛，自诬服。斯所以不死者，自负其辩，有功，实无反心，幸得上书自陈，幸二世之寤而赦之。李斯乃从狱中上书曰：“臣为丞相治民，三十余年矣。逮秦地之陕隘，先王之时秦地不过千里，兵数十万。臣尽薄材，谨奉法令，阴行谋臣，资之金玉，使游说诸侯，阴修甲兵，饰政教，官斗士，尊功臣，盛其爵禄，故终以胁韩弱魏，破燕、赵，夷齐、楚，卒兼六国，虏其王，立秦为天子。罪一矣。地不广，又北逐胡、貉，南定百越，以见秦之强。罪二矣。尊大臣，盛其爵位，以固其亲。罪三矣。立社稷，脩宗庙，以明主之贤。罪四矣。更剋画，平斗斛度量文章，布之天下，以树秦之名。罪五矣。治驰道，兴游观，以见主之得意。罪六矣。缓刑罚，薄赋敛，以遂主得众之心，万民戴主，死而不忘。罪七矣。若斯之为臣者，罪足以死固久矣。上幸尽其能力，乃得至今，愿陛下察之！”

书上，赵高使吏弃去不奏，曰：“囚安得上书！”

这哪里是认罪书，分明是自表其于秦之功。《史记·李斯列传》续云：

赵高使其客十余辈诈为御史、谒者、侍中，更往覆讯斯。斯更以其实对，辄使人复榜之。后二世使人验斯，斯以为如前，终不敢更言，辞服。奏当上，二世喜曰：“微赵君，几为丞相所卖。”及二世所使案三川之守至，则项梁已击杀之。使者来，会丞相下吏，赵高皆妄为反辞。

二世二年七月，具斯五刑，论腰斩咸阳市。斯出狱，与其中子俱执，顾谓其中子曰：“吾欲与若复牵黄犬俱出上蔡东门逐狡兔，岂可得乎！”遂父子相哭，而夷三族。

李贽的评语，实为两条。一是问，为什么历代君王往往深居宫中，不知世事，丧失了对世事的认知和正确的判断，导致王朝的覆灭？原因很多，君主年幼无知，荒于嬉戏，被周围小人所封闭，亦有以安全工作为借口，把领袖与群众分隔开来，领导都集中在机关大院，一旦信息渠道被阻隔，决策与行政都会偏离正确的轨道，这一类教训太多了。

第二条是《史记》把赵高与李斯同列一传，那冤屈李斯了，李斯毕竟还是有功之臣，赵高则纯属卑鄙小人。在李贽心目中，李斯虽犯有过失，还是龙，说李斯杀人众多，那是指焚书坑儒之事，也不能都责怪在李斯一人身上。亢龙之悔，《易》乾卦上九之爻辞："亢龙，有悔。"极高之处为亢，《文言》："亢之为言也，知进而不知退，知存而不知亡，知得而不知丧。"《象》："亢龙有悔，盈不可久也。"李贽以此言李斯虽有过错，还是居高位之龙也，其所以失，是盈不可久的缘故。盈与盛是一回事，对一个国家，对一个人的人生遭际，都是值得警惕的问题，要出问题，往往在这个时候，故防止骄傲自满，警惕自己的错失，特别是在取得重大胜利和成绩之后，更要懂得"盛誉之下，其实难副"和"谦受益，满招损"，这是中国传统文化的精华，继承中华文明，不在于形式，而在于领悟传承它所包含的深刻哲理。

其实此中还有一条教训，孔子在《论语》中说过："君子聚于义，小人聚于利。""放利而行，多怨。"李斯与赵高、秦二世相处，因利而忘义，三人既聚于利，那么在权力的纷争上，赵高必然以怨相报。在关键场合，义与利的取舍，处处要把义放在第一位，个人在利上的得失，必须服从义的需要，这是如何为人的基本准则。

第十四条　评子婴杀赵高

初，赵高欲专秦权，……及章邯军败，恐二世诛及其身，乃弑二世于望夷宫，立子婴为秦王。子婴称病不行，高自往，子婴遂刺杀高，夷三族。

【评】

子婴此时何等孤弱，乃刺杀高，如去腐鼠，此何等识，何等才，何等胆，真贤主也！后世以二世与子婴同传，冤哉！祖龙千古英雄，挣得一个天下，又以扶苏为子，子婴为孙，有子有孙，卒为胡亥、赵高二竖子所败，惜哉！然祖龙种毒，久蛰必发，天道好还，至此不得不论因果矣！

【释】

李贽这段文字讲了两件事，一是赵高杀秦二世于望夷宫，二是子婴如何刺杀赵高。司马迁除了在《秦始皇本纪》中记此事外，在《李斯列传》中也有记载，二者稍异，以《秦始皇本纪》所言较为可信，李贽此处所引文字皆出自《秦始皇本纪》。今分别引二事之原文于下。

一、赵高杀秦二世于望夷宫之过程。

(秦二世三年) 八月己亥，赵高欲为乱，恐群臣不听，乃先设验，持鹿献于二世，曰："马也。"二世笑曰："丞相误邪？谓鹿为马。"问左右，左右或默，或言马以阿顺赵高。或言鹿，高因阴中诸言鹿者以法。后群臣皆畏高。

高前数言"关东盗毋能为也"，及项羽虏秦将王离等钜鹿下而前，章邯等军数却，上书请益助，燕、赵、齐、楚、韩、魏皆立为王，自关以东，大氐尽畔秦吏应诸侯，诸侯咸率其众西乡。沛公将数万人已屠武关，使人私于高，高恐二世怒，诛及其身，乃谢病不朝见。二世梦白虎啮其左骖马，杀之，心不乐，怪问占梦。卜曰："泾水为祟。"二世乃斋于望夷宫，欲祠泾，沈四白马。使使责让高以盗贼事。高惧，乃阴与其婿咸阳令阎乐、其弟赵成谋曰："上不听谏，今事急，欲归祸于吾宗。吾欲易置上，更立公子婴。子婴仁俭，百姓皆载其言。"使郎中令为内应，诈为有大贼，令乐召吏发卒，追劫乐母置高舍。遣乐将吏卒千余人至望夷宫殿门，缚卫令仆射，曰：“贼入此，何不止？”卫令曰：“周庐设卒甚谨，安得贼敢入宫？”乐遂斩卫令，直将吏入行射，郎宦者大惊，或走或格，格者辄死，死者数十人。郎中令与乐俱入，射上幄坐帏。二世怒，召左右，左右皆惶扰不斗。旁有宦者一人，侍不敢去。二世入内，谓曰：“公何不蚤告我？乃至于此！”宦者曰：“臣不敢言，故得全。使臣蚤言，皆已诛，安得至今？”阎乐前即二世数曰：“足下骄恣，诛杀无道，天下共畔足下，足下其自为计。”二世曰：“丞相可得见否？”乐曰：“不可。”二世曰：“吾愿得一郡为王。”弗许。又曰：“愿为万户侯。”弗许。曰：“愿与妻子为黔首，比诸公子。”阎乐曰：“臣受命于丞相，为天下诛足下，足下虽多言，臣不敢报。”麾其兵进，二世自杀。

二、子婴如何刺杀赵高。

阎乐归报赵高，赵高乃悉召诸大臣公子，告以诛二世之状。曰：“秦故王国，始皇君天下，故称帝。今六国复自立，秦地益小，乃以空名为帝，不可。宜为王如故，便。”立二世之兄子公子婴为秦王。以黔首葬二世杜南宜春苑中。令子婴斋，当庙见，受王玺。斋五日，子婴

> 与其子二人谋曰："丞相高杀二世望夷宫，恐群臣诛之，乃详以义立我。我闻赵高乃与楚约，灭秦宗室而王关中。今使我斋见庙，此欲因庙中杀我。我称病不行，丞相必自来，来则杀之。"高使人请子婴数辈，子婴不行，高果自往，曰："宗庙重事，王奈何不行？"子婴遂刺杀高于斋宫，三族高家以徇咸阳。

李贽的评语讲了三点，一是肯定子婴杀赵高极具才识与胆量，为子婴与二世同列《秦始皇本纪》之末鸣冤；二是肯定秦始皇统一六国的功绩，称"祖龙千古英雄，挣得一个天下，……卒为胡亥、赵高二竖子所败"；三是两条毒蛇还是秦始皇自己留下来的，对身边处于要害地位的人物可要警惕。胡亥与赵高都是秦始皇出行时带在身边的人，这些人物在秦始皇活着时极其温顺，人一死就变脸了，好端端的一个秦帝国就坏在这两个小人物手上，岂不哀哉！再说子婴为秦王不过四十六日，赵高与秦二世篡位以后，秦帝国大势已去，他们连关中这个根据地也守不住，刘邦进入关中，兵至霸上，"子婴即系颈以组，白马素车，奉天子玺符，降轵道旁"。刘邦入咸阳，还军霸上，过了一个多月，项羽兵入咸阳，便杀子婴及秦诸公子宗族，屠咸阳城，烧其宫室，虏其子女，收其珍宝财货。秦国最终落得一个食尽鸟投林，白茫茫一片大地真干净。

第十五条　评刘邦痛骂郦食其

汉王与郦食其谋挠楚权，食其曰："陛下能复立六国之后，德义已行，楚必敛衽而朝。"……张良从外来谒，汉王方食，具以郦生语告良。良曰："……今复立六国之后，游士各归事其主，大王谁与取天下乎？诚用客谋，陛下事去矣。"王辍食，吐哺，骂曰："竖儒几败乃公事。"

【评】

快论。

【释】

郦食其，《史记》《汉书》皆有传，《史记》本传称："郦生食其者，陈留高阳人也。好读书，家贫落魄，无以为衣食业，为里监门吏。然县中贤豪不敢役，县中皆谓之狂生。"郦食其想去见刘邦，刘邦手下一个骑士与郦是同乡，于是郦托其引见，史载：

郦生见谓之曰："吾闻沛公慢而易人，多大略，此真吾所原从游，莫为我先。若见沛公，谓曰'臣里中有郦生，年六十馀，长八尺，人皆谓之狂生，生自谓我非狂生'。"骑士曰："沛公不好儒，诸客冠儒冠来者，沛公辄解其冠，溲溺其中。与人言，常大骂。未可以儒生说也。"郦生曰："弟言之。"

后来刘邦至高阳传舍，召见了郦食其，刘邦接受郦食其的建议，先后拿下了陈留与敖仓。李贽本条所引出自《汉书·张陈王周传》，时间在汉三年（前203年），今摘引《张陈王周传》之文字于下。

汉三年，项羽急围汉王于荥阳，汉王忧恐，与郦食其谋桡楚权。郦生曰："昔汤伐桀，封其后杞；武王诛纣，封其后宋。今秦无德，伐灭六国，无立锥之地。陛下诚复立六国后，此皆争戴陛下德义，愿为臣妾。德义已行，南面称伯，楚必敛衽而朝。"汉王曰："善。趣刻印，先生因行佩之。"

郦生未行，良从外来谒汉王。汉王方食，曰："客有为我计桡楚权者。"具以郦生计告良曰："于子房何如？"良曰："谁为陛下画此计者？陛下事去矣。"汉王曰：

"何哉？"良曰："臣请借前箸以筹之。昔汤、武伐桀、纣封其后者，度能制其死命也。今陛下能制项籍死命乎？其不可一矣。武王入殷，表商容闾，式箕子门，封比干墓，今陛下能乎？其不可二矣。发巨桥之粟，散鹿台之财，同赐贫穷，今陛下能乎？其不可三矣。殷事以毕，偃革为轩，倒载干戈，示不复用，今陛下能乎？其不可四矣。休马华山之阳，示无所为，今陛下能乎？其不可五矣。息牛桃林之野，天下不复输积，今陛下能乎？其不可六矣。且夫天下游士，离亲戚，弃坟墓，去故旧，从陛下者，但日夜望咫尺之地。今乃立六国后，唯无复立者，游士各归事其主，从亲戚，反故旧，陛下谁与取天下乎？其不可七矣。且楚唯毋强，六国复桡而从之，陛下焉得而臣之？其不可八矣。诚用此谋，陛下事去矣。"汉王辍食吐哺，骂曰："竖儒，几败乃公事！"令趣销印。

张良的八条意见，归纳起来有这样四点：其一，文武封桀纣之后，那是因为估计到其是打败桀纣的力量，现在项羽还是最强大的，刘邦在这个时候能制项羽于死命吗？其二，现在正是兵荒马乱、征战不息的时候，你刘邦能放下兵马与人休息吗？其三，天下游士之所以追随于你身边，是希望有立功的机会，获得封赏，如果立六国之后，那么各归旧主，还有谁愿追随在你刘邦的身边呢？其四，现在项羽最强，如立六国后，他们是追随你刘邦还是追随项羽呢？如果这样做的话，只能是增强项羽的力量，他们怎么会舍项羽而来追随你刘邦呢？如果你采用郦食其的计谋，那你的大势去矣。这番话提醒了刘邦，所以刘邦会吐哺而骂："竖儒，几败乃公事！"郦食其是儒生出身，刘邦骂他"这小子，几乎坏了我的大事"。

李贽的评语，只"快论"二字，意为张良这番议论，说得痛快。毛泽东也欣赏张良这番议论，痛快就在刘邦那句痛骂"竖儒，几败乃公事！"儒生只能做一点粉饰太平之事，兵荒马乱之时，战事是第一位的，让儒生来当家，当然不合时事形势，只会坏事。陶醉于儒生粉饰太平之盛世，往往是这个王朝走下坡路的起点。汉武帝独尊儒术，元、成、哀、平，一代不如一代。宋代盛行理学，也是一个极弱的王朝。清代乾嘉朴学盛时，也是清代由盛转衰的拐点。此是其一。恢复六国之后，恢复分封制，当然是历史的反动，张良的这个观点，自然为毛泽东所赞同。当年毛泽东处心积虑谋划的八大军区司令的调防，就是为了防止他身后出现军阀割据的局面。该文之所以引起毛泽东的共鸣，正是因为这两点。

第十六条　评刘邦击筑自歌

上还，过沛宫，置酒，悉召故人父老饮。酒酣，上击筑自歌曰："大风起兮云飞扬，威加海内兮归故乡，安得猛士兮守四方。"

【评】

亦悲亦壮，近古帝王所不能有。

【释】

李贽《史纲评要》这一段文字，出于《汉书·高帝纪》，时间是汉十二年（前195年）冬十二月，那时的历法以冬十月为一年之首月。"上还"，指刘邦自蕲县打败英布后北上还京，过沛县。蕲县位于今皖北宿州市埇桥区南部，蕲县（今为镇）东北有大泽乡，即陈胜起兵之地；蕲县东南有垓下，位于今灵璧县境内，那个地区是古战场。李贽《史纲评要》在这段文字之前，介绍刘邦过沛的背景，其云：

> 淮南王黥布见杀韩信、醢彭越，大恐，反。上召诸将问计，皆曰："竖子无能为。"汝阴侯滕公召故楚令尹薛公问之，令尹曰："信、越、布三人，同功一体之人也，布自疑祸及身，故反耳。"滕公言之上，上乃召薛公问计，自将而东，与布战于蕲西。布败走江南，上令别将追杀之。

这次刘邦亲自带兵讨伐英布，也是不得已。刘邦已有病在身，想让太子刘盈带兵出征英布，那一年刘盈只有十七岁，吕后觉得为难，请计于张良推荐给刘盈的四位老人，他们认为：

> 太子将兵，有功即位不益，无功则从此受祸。且太子所与俱诸将，皆与上定天下枭将也，今乃使太子将之，此无异使羊将狼，皆不肯为用，其无功必矣。（《汉书·张陈王周传》）

他们建议让吕后到刘邦那儿泣言："黥布，天下猛将，善用兵，今诸将皆陛下故等夷，乃令太子将，此属莫肯为用，且布闻之，鼓行而西耳。上虽疾，强载辎车，卧而护之，诸将不敢不尽力。

上虽苦，强为妻子计。”（《汉书·张陈王周传》）刘邦听了吕后的泣诉以后，曰：“吾惟之，竖子固不足遣，乃公自行耳。”“于是上自将而东，群臣居守，皆送至霸上。良疾，强起至曲邮，见上曰：‘臣宜从，疾甚。楚人剽疾，愿上慎毋与楚争锋。’因说上令太子为将军，监关中兵。上谓‘子房虽疾，强卧傅太子’。”（《汉书·张陈王周传》）这次刘邦是带病出征英布，在交战时，还被流矢射中。

沛，是刘邦的故乡，刘邦打败黥布以后，凯旋返京，途经沛县宫，那是他在沛县的行宫。李贽这一段文字，不如《汉书·高帝纪下》具体生动，今引原文于下。

> 上还，过沛，留，置酒沛宫，悉召故人父老子弟佐酒。发沛中儿得百二十人，教之歌。酒酣，上击筑自歌曰：“大风起兮云飞扬，威加海内兮归故乡，安得猛士兮守四方！”令儿皆和习之。上乃起舞，慷慨伤怀，泣数行下。谓沛父兄曰：“游子悲故乡。吾虽都关中，万岁之后吾魂魄犹思沛。且朕自沛公以诛暴逆，遂有天下，其以沛为朕汤沐邑，复其民，世世无有所与。”沛父老诸母故人日乐饮极欢，道旧故为笑乐。十余日，上欲去，沛父兄固请。上曰：“吾人众多，父兄不能给。”乃去。

筑是古代的一种弦乐器,《汉书》注:“应劭曰:‘状似琴而大,头安弦,以竹击之,故名曰筑。’师古曰:‘今筑形似瑟而细颈也。’”刘邦这次返师过沛,面对这个自己的出生地,是动了感情的,如“慷慨伤怀,泣数行下”,而且知道自己有病在身,留下的日子不会很多了,才会说自己“万岁之后吾魂魄犹思沛”的话。即使如此,他亲自创作的《大风歌》精神激昂、积极向上,想的还是“安得猛士兮守四方!”《汉书·高帝纪下》之末,有这么一段话:

> 上击布时,为流矢所中,行道疾。疾甚,吕后迎良医。医入见,上问医。曰:“疾可治。”于是上嫚骂之,曰:“吾以布衣提三尺取天下,此非天命乎?命乃在天,虽扁鹊何益!”遂不使治疾,赐黄金五十斤,罢之。

可见刘邦对生死的问题看得很透,临死时没有任何畏惧的感觉,真大丈夫也。刘邦去世时也只有五十三岁,他四十二岁称帝,在位十二年。君王的寿命尚且如此,平民的平均寿命更低了。

到了晚年,毛泽东从李贽的《史纲评要》中选择这一条文字,在情感上亦有与之共鸣的地方。据《毛泽东年谱》记载,毛泽东在 1959 年 6 月 22 日上午离开郑州,23 日凌晨一点抵达武汉,24 日晨七时,在王任重陪同下,乘专列去长沙。24 日下午抵长沙,与周小舟会面。6 月 25 日下午,自长沙抵韶山,住韶山招待所,与周小舟等谈了当年在长沙做工人运动的经历，谈起他指导安源路矿工人罢工，谈到秋收起义的经过和创建井冈山根据地的情景。26日晨五时，向招待所附近小山走去，在父母亲的墓前三鞠躬，说："前人辛苦，后人幸福。"当地干部问要不要把坟墓修一下，毛泽东说："不要了，添一下土就行了。"返回招待所途中，看望亲友，看旧居，又到韶山学校，和师生们合影。上午八时回到招待所，对罗瑞卿说："我们共产党人是彻底的唯物主义者，不迷信什么鬼神，但生我者父母，教我者党、同志、老师、朋友，还得承认。我下次来，还要去看看他们两位（指其父母）。"下午来到毛震公祠三鞠躬，对身边工作人员说："菩萨是迷信，但烈士墓和祖宗牌子是个纪念。"晚上，请乡亲们吃饭，有长辈、老师、亲友和当地干部，有老党员、老自卫队员和革命烈士的家属。饭后，同王任重、周小舟、罗瑞卿谈话，说："要读马列主义，还要读点历史，读些古诗词。"6月27日中午，请来几家亲戚一起吃午饭，下午一时，乘汽车离开韶山，经宁乡回长沙，途中两三次下车同群众交谈，又在橘子洲下水，游湘江。也就是在这个时期，毛泽东作《七律·到韶山》：

别梦依稀咒逝川，故园三十二年前。
红旗卷起农奴戟，黑手高悬霸主鞭。
为有牺牲多壮志，敢教日月换新天。

喜看稻菽千重浪，遍地英雄下夕烟。

诗前毛泽东有小引：“一九五九年六月二十五日到韶山。离别这个地方已有三十二周年了。”那一年毛泽东是六十六岁，辑录李贽《史纲评要》这一条目的时间是1974年7月，那一年他已经八十一岁了，也已重病在身，也是那个时候毛泽东离京去南方休养，先在武汉，后去长沙，再一次回自己家乡。人到晚年，对家乡的思想成了人之常情，在这一点上古今是相通的。

第十七条　评董仲舒

上亲策问以古今治道，董仲舒对曰："……道之大原出于天，天不变，道亦不变。……"

【评】

"道之大原出于天"，误尽宋儒。命犹令也，岂不冤哉？读古书者其善诸。

【释】

"上"，指汉武帝，策问的时间是在汉武帝建元元年（前140年）。董仲舒，《史记》《汉书》皆有传，《汉书·董仲舒传》称：

> 董仲舒，广川人也。少治《春秋》，孝景时为博士。下帷讲诵，弟子传以久次相授业，或莫见其面。盖三年不窥园，其精如此。进退容止，非礼不行，学士皆师尊之。

董仲舒的生卒年月，《史记》《汉书》都没有具体记载。《汉书·匈奴传下》中称："仲舒亲见四世之事，犹复欲守旧文。"《史记·儒林列传》称："故汉兴至于五世之间，唯董仲舒名为明于《春秋》，其传公羊氏也。"五世，当出生于汉高帝刘邦时，下经吕后与惠帝、文帝、景帝，到武帝时。有人估计，董仲舒的年龄约在八十六七岁。汉武帝即位初，即下诏征贤良方正之士，武帝亲自策问，董仲舒此时以博士身份上《天人三策》，即三次回答武帝有关天人之间的策问。"道之大原出于天，天不变，道亦不变。"此语出自董仲舒之第三策，董仲舒所谓之"道"，他在对策的起首便说：

> 道者，所繇适于治之路也，仁义礼乐皆其具也。故圣王已没，而子孙长久安宁数百岁，此皆礼乐教化之功也。

他还讲"《春秋》变古则讥之"，夏商周三代继先王之道，"至秦则不然。师申商之法，行韩非之说，憎帝王之道，以贪狼为俗。"其结果是"百官皆饰虚辞而不顾实，外有事君之礼，内有背上之心；造伪饰诈，趣利无耻"，民间的情况则是"赋敛亡度，竭民财力，百姓散亡，不得从耕织之业，群盗并起"。他对现状的分析是："今师异道，人异论，百家殊方，指意不同，是以上亡以持一统；法制数变，下不知所守。"在文景时期，意识形态领域是黄老思想和申商之术占统治地位，他的政策建议是："臣愚以为诸不在六艺之科孔子之术者，皆绝其道，勿使并进。邪辟之说灭息，然后统纪可一而法度可明，民知所从矣。”汉武帝赞同董仲舒的建议。这个建议说到底就是“罢黜百家，独尊儒术”。故《汉书·董仲舒传》言：“自武帝初立，魏其、武安侯为相而隆儒矣。及仲舒对册，推明孔氏，抑黜百家。立学校之官，州郡举茂材孝廉，皆自仲舒发之。”尽管董仲舒在为人上提倡要“正其谊不谋其利，明其道不计其功”，实际上他开拓的是一条士大夫的利禄之路。班固在《汉书·儒林传》之赞曰：

自武帝立《五经》博士，开弟子员，设科射策，劝以官禄，讫于元始，百有余年，传业者浸盛，支叶蕃滋，一经说至百余万言，大师众至千余人，盖禄利之路然也。

元始是汉平帝的年号，西汉到了元、成、哀、平，实际上已是一代不如一代，政权最终到了王莽手中，王莽推重儒学改制的结果是天下大乱，这大概是董仲舒前所未料的吧！

李贽在评语中说：“道之大原出于天，误尽宋儒。命犹令也，岂不冤哉？”“命犹令也”是董仲舒从“天不变，道亦不变”衍生出的另一个重要命题，讲的是天命与情欲的关系。其对策云：“臣闻命者，天之令也；性者，生之质也；情者，人之欲也。”“天令之谓命，命非圣人不行；质朴之谓性，性非教化不成；人欲之谓情，情非度制不节。”（《汉书·董仲舒传》）这在宋儒那里，便成了天理与情欲的关系。这个问题的实质，是人与人之间的纲常伦理关系，宋儒将其绝对化了。

宋代的道学家，以程颢、程颐之二程及朱熹为代表。关于天人合一的说法，程颐说：“自汉以来，无人知此，董仲舒说天人相与之际亦略见模样，只是被汉儒推得太过。”（《二程遗书》卷二三）程颐在此基础上推演出天理与人欲之间的对立面，他强调：“礼即是理也，不是天理便是人欲。”“无人欲即皆天理。”（《二程遗书》卷十五）有人问，有寡妇家境贫寒，无依无靠，可以再嫁否？他回答：“只是后世怕饿死，故有是说。然饿死事极小，失节事极大。”（《二程遗书》卷二十二）在朱熹那儿有人心与道心之说，人有先天至善的道心，同时又有充满欲望的人心，他说：“只是人之一心，合道理的是天理，徇情欲的是人欲。”（《朱子语类》卷七八）他强调的是：“人之一心，天理存则人欲亡，人欲胜则天理灭，未有天理人欲夹杂者。”（《朱子语类》卷十三）这些观念，究其源流，皆离不开董仲舒“正其谊不谋其利，明其道不计其功”之延伸。而李贽在《焚书》卷五之《读史·贾谊》论及董仲舒以论灾异下狱之事云：

> 欲明灾异者何也？既欲明灾异以求免于害，而又谓仁人不计利，谓越无一仁又何也？所言自相矛盾矣。且

夫天下曷尝有不计功谋利之人哉！若不是真实知其有利益于我，可以成吾之大功，则乌用正义明道为耶？

故在人们的日常生活中，只讲道义，不讲功利，实际上与人的行为不可能一致。即使是公益，亦还是有利益在内，公益也有范围，当然它与小团体的私利不同，私利与公益是有区别的。李贽谓董仲舒误了宋儒，认为他把天道与社会伦理混为一谈，使宋儒因而误入歧途。人的生存与情欲同在，天理何以能泯灭人之欲念呢？结果造成道学虚伪的一面。

李贽在揭露当时之伪道学耿定向虚伪欺骗一面时说：

种种日用，皆为自己身家计虑，无一厘为人谋者。及乎开口谈学，便说尔为自己，我为他人，尔为自私，我欲利他。……以此而观，所讲者未必公之所行，所行者又公之所不讲，其与言顾行，行顾言何异乎？（《焚书》卷一《答耿司寇》）

天人合一的概念，有一个如何理解的问题。若从人与自然的关系来说，自然是人生存的环境，二者是共生的关系。董仲舒讲的天人合一，把社会伦理道德的根源归于自然天道，借天道把人伦道德绝对化了，而人伦道德随着社会的发展是在变化的。再说天人合一的观念亦并不始于董仲舒，孟子便说："尽其心者，知其性也，知其性则知天矣。"（《孟子·尽心上》）何以知其性便能知天呢？孟子没有说明。孟子还说："心之官则思，思则得之，不思则不得也，此天之所与我也。"（《孟子·告子上》）还说："圣人之于天道也。"（《孟子·离娄上》）只有圣人才能认识天道，把人性与天道合一，孟子就已经提出来了。再往前，子思的《中庸》就已提出"天命之谓性"的命题，以"诚"为天之道，"诚者，天之道也；诚之者，人之道也。诚者不勉而中，不思而得，从容中道，圣人也。"实际上这也是天人合一之说。可见儒家传统中历来有借助于天道把那时的伦理观念绝对化、凝固化的思维模式。在实际生活中，往往不可能如此，社会在变化，各种人的社会地位也在变化，伦理观念也在不断演化。自然环境与人伦关系二者各自之演化，有各自不同的规律，从社会历史的发展过程看，二者是难以完全重合的。

第十八条　评盐铁之议

诏有司问郡国所举贤良、文学，民所疾苦，皆对愿罢盐铁、酒榷、均输官，毋与天下争利。桑弘羊谓安边足用之本不可废，于是盐铁之议起焉。

【评】

盐铁不可废。

【释】

此事《史纲评要》系于卷八，原书上半段摘自《汉书·杜周传》：

> (延年)数为大将军光言："年岁比不登，流民未尽还，宜修孝文明政，示以俭约宽和，顺天心，说民意，年岁宜应。"光纳其言，举贤良，议罢酒榷、盐铁，皆自延年发之。

其下半段则出自《汉书·食货志下》：

> 昭帝即位六年，诏郡国举贤良文学之士，问以民所疾苦，教化之要。皆对愿罢盐铁、酒榷、均输官，毋与天下争利，视以俭节，然后教化可兴。弘羊难，以为此国家大业，所以制四夷，安边足用之本，不可废也。乃与丞相千秋共奏罢酒酤。

李贽对上述文字略有增删，如删去“视以俭节，然后教化可兴”，增加了“于是盐铁之议起焉”。这次贤良文学之士与御史大夫之间的论难，至汉宣帝时，桓宽推衍增广而成《盐铁论》一书，前后六十篇，列举双方争论之前前后后。毛泽东删去李贽引文之前半段，只保留了后半段，使主题更为鲜明，突显了李贽的评语“盐铁不可废”。如果我们读一下《汉书·货殖传》，就知道自战国到秦汉的大商人，许多都是以盐铁起家，其中记载：

> 猗顿用盬盐起，邯郸郭纵以铸冶成业，与王者埒富。
>
> ……
>
> 蜀卓氏之先，赵人也，用铁冶富。秦破赵，迁卓氏之蜀，夫妻推辇行。……致之临邛，大憙，即铁山鼓铸，运筹算，贾滇、蜀民，富至童八百人，田池射猎之乐拟

于人君。

程郑，山东迁虏也，亦冶铸，贾椎结民，富埒卓氏。

……

宛孔氏之先，梁人也，用铁冶为业。秦灭魏，迁孔氏南阳，大鼓铸，规陂田，连骑游诸侯，因通商贾之利，有游闲公子之名。然其赢得过当，愈于纤啬，家致数千金，故南阳行贾尽法孔氏之雍容。

鲁人俗俭啬，而丙氏尤甚，以铁冶起，富至巨万。然家自父兄子弟约，俯有拾，仰有取，贳贷行贾遍郡国。邹、鲁以其故，多去文学而趋利。

《货殖传》最后概括：

至于蜀卓，宛孔，齐之刀间，公擅山川铜铁鱼盐市井之入，运其筹策，上争王者之利，下锢齐民之业，皆陷不轨奢僭之恶。又况掘冢搏掩，犯奸成富，曲叔、稽发、雍乐成之徒，犹复齿列，伤化败俗，大乱之道也。

《盐铁论》中，贤良文学之士指责盐铁官营是“与民争利”，其实不然，实际是官府与大的盐铁商人争利的问题。汉代盐铁官营之事始自汉武帝时，《汉书·食货志下》记载：

以东郭咸阳、孔仅为大农丞，领盐铁事，而桑弘羊贵幸。咸阳，齐之大鬻盐，孔仅，南阳大冶，皆致产累千金，故郑当时进言之。弘羊，洛阳贾人之子。以心计，年十三侍中。故三人言利事析秋豪矣。

这三个人都是郑当时推荐给汉武帝的，东郭咸阳与孔仅都是商人，一个是盐商出身，一个是冶铁出身。为什么经营盐铁能致富呢？因为盐是人之必需品，铁是当时铸造农具的必需品，二者都是人们生产生活离不开的商品，社会需求量大，而产地则受资源条件的限制，故经营盐铁自然成为能够致富的行业。大商人往往从事这两个行业的生产和经销，政府要盐铁官营，只能依靠商人来帮助经营官府的商业，但政府又与当时这两个行业的大商人争利。官营的目的是为政府增加财政收入，同时对于这些关系国计民生的行业，为了国家政治和民生保障之安全，也必须掌握在国家手中。关于东郭咸阳、孔仅二人实施盐铁官营的设想和经营状况，《汉书·食货志下》云：

大农上盐铁丞孔仅、咸阳言："山海，天地之臧，宜属少府，陛下弗私，以属大农佐赋。愿募民自给费，因官器作鬻盐，官与牢盆。浮食奇民欲擅斡山海之货，以致富羡，役利细民。其沮事之议，不可胜听。（可见，汉武帝时便有人反对盐铁官营的措施。）敢私铸铁器鬻盐者，钛左趾，没入其器物（那就是采取国家垄断的措施）。郡不出铁者，置小铁官，使属在所县（不搞生产，搞经营）。”使仅、咸阳乘传举行天下盐铁，作官府，除故盐铁家富者为吏。吏益多贾人矣（把私商收归官营）。

当时接连用兵，“费皆仰大农”，“大农以均输调盐铁助赋，故能澹之”。大农是分管财政的官员，而财政收入的一大部分要靠盐铁官营来补给。至汉昭帝始元六年（前 81 年），朝廷与贤良文学之士讨论，要不要罢免盐铁、酒榷、均属之官，而桑弘羊以盐铁为“制四夷，安边足用之本”，认为不可废除，“乃与丞相（车）千秋共奏罢酒酤”。结果是双方妥协，废除酒的专卖。如今，铁器专卖早已取消，酒的专卖也已取消，盐的专卖最近也被取消了，香烟的专卖似还有一定程度保留，这些大型专卖公司的税收曾是国家财政收入的重要组成部分。计划经济时代，国有企业占主导地位，大庆油田便是那个时代国有企业的榜样，大庆的铁人王进喜是时代的模范。改革开放以来，民营企业蓬勃发展，国有企业如何适应市场经济和改革开放的新形势，这些年来仍在不断探索前进，也面临着诸多挑战。应该说我们大多数国有企业是经得起时代考验的，能够在与外资和民营企业的竞争中胜出，我们现在也有这方面的典型和旗帜，如 1956 年建设的洛阳矿山机器厂，是我国第一个五年计划期间兴建的156项重点工程之一，1993年并入中信集团，2008年改制为中信重工机械股份有限公司，实现了由制造型企业向有自主品牌的高新技术企业的转型，在市场竞争中实现了经济效益和竞争力、市场占有率等方面的巨大飞跃。毛主席肯定李贽的评语“盐铁不可废”，事实上是主张要坚持在独立自主、自力更生的基础上发展国有企业，我们的经济基础始终要以社会主义公有制的实体经济为主体。如今习近平总书记指出，要理直气壮做强做优做大国有企业，在国有企业上要有一个全心全意为人民服务、不谋私利的党政领导班子，才能尽快在国企改革中取得新成效，这与毛泽东同志发展国有经济的思想是一致的，私有化不是我们国有企业发展的方向。

第十九条　评儒生献谶

儒生彊华自关中奉《赤伏符》来谒王，有“刘秀发兵”等语。群臣因复奏请，王乃从之，即皇帝位于鄗。

【评】

千古怪事都自儒生做出。

【释】

谶是巫师或方士化之儒生制作的一种谶语或预言，作为吉凶的符验或征兆，又名“符谶”“符命”，有的有图、有字，名为图谶。《说文》：“谶，验也。有征验之书，河洛所出之书曰谶。”它是依附于中国古代天命观念，借以显示君权神授的一种形式。一些方士化的儒生以儒家经典为经，另编制谶言为纬。南北之道谓之经，东西之道为纬，儒生以纬附于儒书之经典借以预言吉凶，故谶与纬并提。谶纬的起源甚早，在秦始皇时，便出现“亡秦者，胡也”等谶言，见于《史记》，在汉代亦有这方面的记载。董仲舒的天人合一，借灾异说人事，也是一种预言的方式。在汉昭帝时，霍光执政，有眭弘字孟者，他借着泰山有大石自立，上林苑中有虫食树叶成文字，曰“公孙病已立”，认为这是王者易姓换代的征兆，于是他便上书说：“先师董仲舒有言，虽有继体守文之君，不害圣人之受命。汉家尧后，有传国之运。汉帝宜谁差天下，求索贤人，禅以帝位，而退自封百里，如殷、周二王后，以承顺天命。”（《汉书·眭两夏侯京翼李传》）他是想借此拍霍光的马屁，让霍光借执政的地位，直接即帝位。然而霍光不理，反称其“妖言惑众，大逆不道”，结果他是投机不成，反误了卿卿性命，下廷尉后伏诛，这是儒生借符谶搞投机失败的案例。谶纬的大量兴起，是西汉末年之事。顾炎武在《日知录·图谶》便说：“谶记之兴，实始于秦人，而盛于西京之末也。”

王莽篡汉时，便有刘京等奏符命，他即利用谶符这一类预言，篡汉为新，这也是儒生在政治上迎合野心家的一种投机行为。汉光武时，《后汉书·光武帝纪上》记载，在王莽末，“宛人李通等以图谶说光武云：‘刘氏复起，李氏为辅。’”刘秀便与李家一同起兵于南阳。到了建武元年（25年），刘秀已三分天下有其二。在大局已定的情况下，其下属皆建议刘秀称帝，但还得找一个“天命”来显示自己称帝是受天之命。那一年他行至鄗（今河北高邑东南），便有“光武先在长安时同舍生彊华（河南颍川人）自关中奉《赤伏符》曰：‘刘秀发兵捕不道，四夷云集龙斗野，四七之际火为主。’群臣因奏曰：‘受命之符，人应为大，万里合信，不议同情，周之白鱼，曷足比焉。今上无天子，海内淆乱，符瑞之应，昭然著闻，宜答之神，以塞群望。’光武于是命有司设坛场于鄗南千秋亭五成陌”（《后汉书·光武帝纪上》）。这个《赤伏符》就是谶记，四七之际，即四七二十八，自刘邦至光武初起，合二百二十八年，汉在五行主火德，故云“火为主”。所谓周之白鱼，即河图、洛书，是古代预言的典籍。《尚书中候》曰：“武王伐纣，渡孟津，中流白鱼跃入王舟，长三尺，赤文有字，告以伐纣之意也。”《光武帝纪上》还有一条谶记：“刘秀发兵捕不道，卯金修德为天子。”卯金即刘字，《春秋演孔图》曰：“卯金刀名为刘，赤帝后，次代周。”这一类纬书，都是儒生为刘秀称帝张罗天命之说。李贽的评语谓“千古怪事都自儒生做出”，儒生与方士、术士结合在一起，投机现实政治，自然会编造出各种迷信怪事来，可以从儒家经典中衍生出神怪奇事来。《易经》《春秋》《尚书》中，都有这方面的线索，其他儒家典籍亦有，纬书便是依附于经典的神怪奇异之说。不仅儒家如此，道家也有这方面的线索。在中国远古时代，巫史本来便不分家，有这个历史因缘关系，儒生做这一类“千古怪事”也就不足为奇了。东汉白虎观会议上，儒生们便引谶纬以释经，此时谶纬便成为汉王朝的神学正宗。

两汉的帝王，为了夺取权力和巩固统治秩序，都要借助于天命和神学甚至世俗迷信，以愚弄民众。若《史记·高祖本纪》便记载了刘邦斩蛇的神话，在斩蛇之所有一老妪哭曰：“人杀吾子，故哭之。”人曰：“妪子何以见杀？”妪曰：“吾子，白帝子也，化为蛇，当道，今为赤帝子斩之，故哭。”又：“秦始皇帝常曰：‘东南有天子气。’于是因东游以厌之。高祖即自疑，亡匿，隐于芒、砀山泽岩石之间。”在这种环境下，各种学说也自然会产生向神学转化的倾向。汉光武以帝王的权力，宣布图谶于天下，更促使各种迷信充斥于社会生活，那时朝野上下弥漫着鬼神崇拜的神秘气氛。然而当社会矛盾尖锐时，下层社会也能利用这些神怪迷信，使之变成为动员群众反抗统治的力量，如东汉末张角的太平道便是如此，他的口号是：“苍天已死，黄天当立，岁在甲子，天下大吉。”实际上也是一种谶记或符箓的表现形式，凭这样一种口号，居然也能动员千百万群众起来与统治者对抗，那就是东汉末年的黄巾大起义。故符谶图箓这一类神怪迷信的东西，什么人都可以利用，特别在社会矛盾和危机时期，它可以起到动员和组织群众的作用，光武帝是用来维持自己的统治秩序，张角、张宝则用来反抗统治，而儒生则利用这些迎合统治者的需要，也是他们投机取巧的一种手段。神怪迷信的流行，无论从哪个角度看，都是社会生活处于动荡不安的表现和历史征兆，无知和愚昧是这种神怪迷信得以生存和发展的土壤。故后来的统治者对谶纬这一类神学迷信的东西，在政策上往往亦是自相矛盾的，既要利用天命来证明统治的合法性，又害怕它成为威胁自己统治的工具，故隋炀帝发使四处搜查谶纬之书籍，《唐律疏议》规定私家不得藏有“天文、图书、谶书、兵书”，“违者徒二年”。（《唐律疏议》卷九《职制律》）《唐律疏议》解释说：“图书者，河出图，洛出书也。谶书者，先代圣贤所记，未来征祥之书。”

第二十条　评曹操

操往造劭，问："我何如人？"劭鄙其为人，不答。操劫之，劭曰："子治世之能臣，乱世之奸雄。"操大喜而去。

【评】

可恨曹公不逢治世。

【释】

这件事《三国志》与《后汉书》皆有记载，曹操为什么一定要许劭给他品评，那就得先说许劭其人。《后汉书》把许劭和郭林宗、符融并列一传，郭林宗是东汉末年人，他在当时士大夫中相当于当今较有独立人格的知识分子之代表性人物，善于诱导青年学子，故社会声望甚高。汝南范滂是党锢之祸遭殃的代表人物，有人向范滂问曰："郭林宗何如人？"滂曰："隐不违亲，贞不绝俗，天子不得臣，诸侯不得友，吾不知其它。"有人荐他仕进，他不愿做官，优游林下。他喜欢品评青年学子，史称其“奖拔士人，皆如所鉴”（《后汉书·郭符许列传·郭太传》）。汉代行察举制，即由地方向中央推荐人才，地方如何推荐本地的人才呢？那就要根据士子的品行在当地赢得的声誉，所以便有专司品评人物才性的人，郭林宗便是其中的代表性人物。这样的人要有公正、公平、保持独立性的品位，不受官方的指使。“建宁元年，太傅陈蕃、大将军窦武为阉人所害，林宗哭之于野，恸。”（《后汉书·郭符许列传·郭太传》）那就是不以朝堂之好恶为好恶，唯其如此，他们对人物的品评才能成为社会的清议。许劭，字子将，汝南平舆（今河南平舆）人，史传称其：“少峻名节，好人伦，多所赏识，……天下言拔士者，咸称许、郭。”（《后汉书·郭符许列传·郭太传》）许即许劭，郭即郭林宗。许劭有堂兄许靖，史称：“劭与靖俱有高名，好共核论乡党人物，每月辄更其品题，故汝南俗有‘月旦评’焉。”（《后汉书·郭符许列传·许劭传》）这个“月旦评”就是地方上品评人物的一个平台，地方官在察举人物时，往往就根据当地舆论对其的评论和关注度。对一个人的品评，是一个很复杂的问题，从他过去与现在的表现来推测他的未来，这中间有很大的变数，决定一个人命运的既有主观方面的因素，也有客观方面的因素，从小的地方可以看到他的大处，从孩稚或青年时期可以看到他未来的变化，其中有许多不确定的因素，故很难一眼定论。地方官有推荐人才的义务，但很难完全了解地方青年人才的状况，这样便需要有一些能识别人、品评人并作为代表地方舆论的人物出现，自然就方便官府选择人才了。如郭林宗、许劭这样一些地方士绅对当地人才的品评有其独特的眼光，且其评语亦往往有士子们为之附益增张之处，且由于士子们的互相标榜和抬举，他们便由此成为一方士子的领袖人物了。这种专事人物品评的代表性人物及其平台的出现，实际上也是察举人物时的一种选择权，是政府权力下降的一种征兆。再说在如何具体品评人物时，由于变数很多，不能说得太死，某种意义上它与占卜相面之类的东西有相似之处，只能讲得灵活一些，可以作这样的理解，也能作那样的理解，不仅看这个人的个性品格和才能，还要考虑到环境的变化。这对古人是如此，对今人也是如此。在东汉末那个环境下，人物品评是为察举制度提供依据的，因而有名的人便有较高的社会地位、较多的做官机会，所以地方上的士子们都要寻求这些名士来为自己作一个好的品评，这是曹操为什么要威胁许劭为他品评的原因。《后汉书·郭符许列传·许劭传》称：

> 曹操微时，常卑辞厚礼，求为己目。劭鄙其人而不肯对，操乃伺隙胁劭，劭不得已，曰："君清平之奸贼，乱世之英雄。"操大悦而去。

这段评语与《三国志》的记载略有不同，关于曹操早年的情况，《三国志·魏书·武帝纪》称：

太祖少机警，有权数，而任侠放荡，不治行业，故世人未之奇也，惟梁国桥玄、南阳何颙异焉。玄谓太祖曰：“天下将乱，非命世之才不能济也，能安之者，其在君乎！”

裴松之注引孙盛《异同杂语》云：

（太祖）才武绝人，莫之能害。博览群书，特好兵法，抄集诸家兵法，名曰《接要》，又注《孙武》十三篇，皆传于世。尝问许子将：“我何如人？”子将不答。固问之，子将曰：“子治世之能臣，乱世之奸雄。”太祖大笑。（《三国志·魏书·武帝纪》）

李贽摘引的是《三国志》的记载，从评语讲，既肯定他的才能，又区别两种不同的外部环境，即治世与乱世。从为人讲，理想的境界应该是在治世能为良臣，在乱世能逞英雄本色，化乱为治。李贽称“可恨曹公不逢治世”，但若非乱世，凭曹操的品格和他家庭出身的地位，在治世未必有成为能臣的机会。曹操的父亲曹嵩，是中常侍曹腾的养子，亦有认为曹嵩本是夏侯氏之子，故曹操与夏侯家关系密切。在中国历史上，历来是乱世出英雄。故在毛泽东心目中，曹操之所以是一个英雄人物，关键在于他能治乱，化乱为治。在戏剧舞台上出现的曹操，擦了一脸白粉，俨然是一个奸雄的形象，那是因为他把汉献帝当一个傀儡养在那里，并加以严格管控，这就颠倒了君臣关系，故毛泽东一再要为曹操平反。其实曹操在历史上有功有过，功大于过。在《三国志》中，曹操不是一个反派人物；在《三国演义》中，由于正统观念的影响，曹操才成为一个反面角色，由于戏剧舞台的影响，曹操在民间也成了反面人物。从这一点讲，为曹操翻案有一定的道理，至少从黄巾起义到北方的军阀混战，再到曹操统一北方，安定社会秩序，恢复生产，他是有功的。曹操对文化还是保护的，建安七子代表了一个时代的风貌，曹操的作品有一点豪迈气概，毛泽东也是喜欢的。曹操那首《蒿里行》对董卓之乱以后北方军阀割据的战乱及民生艰难之刻画，还是非常深刻的，其云：

关东有义士，兴兵讨群凶。初期会盟津，乃心在咸阳。
军合力不齐，踌躇而雁行。势利使人争，嗣还自相戕。
淮南弟称号，刻玺於北方。铠甲生虮虱，万姓以死亡。
白骨露于野，千里无鸡鸣。生民百遗一，念之断人肠。

只要读过《三国志》中袁术的传，就可感到《蒿里行》最后两句所言民生的状况，是非常真实的。故从这一点看，曹操统一北方、稳定社会秩序、恢复生产，确实是有功之人，在说他是“乱世之英雄”这一点上，毛泽东与他是惺惺相惜的。

第二十一条　评曹操之陈留起兵

曹操欲刺卓，不就，乃出奔，……至陈留，散家财得五千人。

【评】

英雄促起。

【释】

此处言曹操欲刺董卓，不就，乃出奔，与原始记载有出入，不是曹操欲刺董卓，而是董卓表曹操为骁骑校尉，“欲与计事”，是董卓想启用曹操。为什么董卓会注意到曹操这个人？那还得了解一下此前曹操的经历。早在光和六年（183 年），黄巾起义，《三国志·魏书·武帝纪》称：“光和末，黄巾起。拜骑都尉，讨颍川贼，迁为济南相。”据《资治通鉴》记载，那一年他与皇甫嵩、朱儁一起讨伐汝南黄巾，皇甫嵩被汝南黄巾围于长社，骑都尉曹操带兵与朱儁、皇甫嵩合军打败了汝南黄巾，然后升迁为济南相。到了中平五年（188年），汉灵帝在京师设西园八校尉，为首的小黄门蹇硕任上军校尉，袁绍是中军校尉，曹操是典军校尉，那时曹操在西园八校尉中地位并不低。然后是汉灵帝去世，刘辩即帝位，何太后临朝，何进秉政，外戚与宦官争夺权力，何进与袁绍合谋诛宦官，何太后不同意何进引董卓入京，宦官先下手杀何进，于是袁绍诛宦官，而董卓入京，废刘辩，立其九岁的兄弟刘协为帝，即汉献帝。因废立之事袁绍与董卓对立，袁绍出奔。那时董卓之所以想笼络曹操，是因为曹操没有参与袁绍诛杀宦官之事，袁绍与董卓之间对立，曹操还没有参与其中。《三国志·魏书·武帝纪》的记载称："卓到，废帝为弘农王而立献帝，京都大乱。卓表太祖为骁骑校尉，欲与计事。"并非曹操要刺杀董卓"不就"，而是董卓想启用曹操，曹操不就。由于董卓擅自废立，他的军队在京师纪律败坏，已失去人心，颓势已经显现。在这种情况下，董卓任袁术为后将军，袁术出奔南阳；以曹操为骁骑将军，曹操也私下出奔。《三国志·魏书·武帝纪》称："太祖乃变易姓名，间行东归。出关，过中牟，为亭长所疑，执诣县，邑中或窃识之，为请得解。"裴松之注引《魏书》曰："太祖以卓终必覆败，遂不就拜，逃归乡里。"又引《世语》曰："中牟疑是亡人，见拘于县。时掾亦已被卓书；唯功曹心知是太祖，以世方乱，不宜拘天下雄俊，因白令释之。"由此可知董卓是发文书要曹操返京的，而曹操因看到董卓进京以后的所作所为不足以成事，所以才出奔的。

“至陈留，散家财得五千人”，那是曹操返回故里，即决心起兵与董卓相抗衡了。关于此事，《三国志 · 魏书 · 武帝纪》称：“太祖至陈留，散家财，合义兵，将以诛卓。冬十二月，始起兵于己吾，是岁中平六年也。” 己吾，在今河南宁陵西南。《世说新语》称：“陈留孝廉卫兹以家财资太祖，使起兵，众有五千人。”次年即初平元年（190 年），《三国志 · 魏书 · 武帝纪》记载曹操起兵以后关东各地起兵状况。

> 初平元年春正月，后将军袁术、冀州牧韩馥、豫州刺史孔伷、兖州刺史刘岱、河内太守王匡、勃海太守袁绍、陈留太守张邈、东郡太守桥瑁、山阳太守袁遗、济北相鲍信同时俱起兵，众各数万，推绍为盟主。太祖行奋武将军。

当时关东各地方实力派都起兵与董卓相对抗，而曹操的地位并不高。“是时绍屯河内，邈、岱、瑁、遗屯酸枣（今河南延津之西南），术屯南阳，伷屯颍川，馥在邺。”（《三国志 · 魏书 · 武帝纪》）当时酸枣处在第一线，曹操的五千兵马便在酸枣。从军事实力讲，还是董卓兵强，大家都不敢轻易直接与董卓军队接触。《三国志 · 魏书 · 武帝纪》称：“太祖到酸枣，诸军兵十余万，日置酒高会，不图进取。”为什么？大家都想保存自己的实力，从而保持自己的地盘。结果还是曹操敢于与董卓的军队交战，双方在荥阳汴水交锋，结果是曹操失利，“与战不利，士卒死伤甚多。太祖为流矢所中，所乘马被创，从弟洪以马与太祖，得夜遁去”。（《三国志·魏书·武帝纪》）而董卓的军队没有乘胜攻酸枣，返师还关中，曹操得以重新招募士兵，于是双方各自发生内乱和混战，董卓被自己部属吕布所刺杀，以后的局面便是军阀混战了。

李贽的评语是“英雄促起”，“促起”是指曹操仓促起兵，从曹操在关中“变易姓名，间行东归”的过程讲，当然是仓促而起。从陈留起兵，到在荥阳与董卓将领徐荣交锋不利看，这次曹操也是仓促上阵，初战不利。说曹操是英雄，那是指曹操对形势的判断还是正确的，在董卓要找他时，他便估计到董卓必败，所以才“变易姓名，间行东归”，识时务者为俊杰，当时留在关中与董卓相处的人，都没有好结果。从酸枣会师以后，唯有曹操勇于战斗，虽然初战失利，但虽败犹荣，在这一点上，曹操不失英雄本色。故李贽的评语，对那时的曹操而言还是恰如其分的。

第二十二条　评曹操建安十五年令

曹操下令曰："……设使国家无有孤，不知当几人称帝，几人称王。……"

【评】

大英雄语。

【释】

在建安十五年（210年）十二月，曹操作《明本志令》，上述文字出于此令，《三国志·魏书·武帝纪》未载此令，裴松之注引《魏武故事》记录了此令之全文。李贽《史纲评要》只节录此令主要部分，文字亦略有变动，今据裴松之注引《魏武故事》录其文于下。

孤始举孝廉，年少，自以本非岩穴知名之士，恐为海内人之所见凡愚，欲为一郡守，好作政教，以建立名誉，使世士明知之；故在济南，始除残去秽，平心选举，违迕诸常侍。以为强豪所忿，恐致家祸，故以病还。去官之后，年纪尚少，顾视同岁中，年有五十，未名为老，内自图之，从此却去二十年，待天下清，乃与同岁中始举者等耳。故以四时归乡里，于谯东五十里筑精舍，欲秋夏读书，冬春射猎，求底下之地，欲以泥水自蔽，绝宾客往来之望，然不能得如意。后征为都尉，迁典军校尉，意遂更欲为国家讨贼立功，欲望封侯作征西将军，然后题墓道言“汉故征西将军曹侯之墓”，此其志也。而遭值董卓之难，兴举义兵。是时合兵能多得耳，然常自损，不欲多之；所以然者，多兵意盛，与强敌争，倘更为祸始。故汴水之战数千，后还到扬州更募，亦复不过三千人，此其本志有限也。后领兖州，破降黄巾三十万众。又袁术僭号于九江，下皆称臣，名门曰建号门，衣被皆为天子之制，两妇预争为皇后。志计已定，人有劝术使遂即帝位，露布天下，答言“曹公尚在，未可也”。后孤讨禽其四将，获其人众，遂使术穷亡解沮，发病而死。及至袁绍据河北，兵势强盛，孤自度势，实不敌之，但计投死为国，以义灭身，足垂于后。幸而破绍，枭其二子。又刘表自以为宗室，包藏奸心，乍前乍却，以观世事，据有当州，孤复定之，遂平天下。身为宰相，人臣之贵已极，意望已过矣。今孤言此，若为自大，欲人言尽，故无讳耳。设使国家无有孤，不知当几人称帝，几人称王。或者人见孤强盛，又性不信天命之事，恐私心相评，言有不逊之志，妄相忖度，每用耿耿。齐桓、晋文所以垂称至今日者，以其兵势广大，犹能奉事周室也。论语云："三分天下有其二，以服事殷，周之德可谓至德矣。"夫能以大事小也。昔乐毅走赵，赵王欲与之图燕，乐毅伏而垂泣，对曰："臣事昭王，犹事大王；臣若获戾，放在他国，没世然后已，不忍谋赵之徒隶，况燕后嗣乎！"胡亥之杀蒙恬也，恬曰："自吾先人及至子孙，积信于秦三世矣；今臣将兵三十余万，其势足以背叛，然自知必死而守义者，不敢辱先人之教以忘先王也。"孤每读此二人书，未尝不怆然流涕也。孤祖父以至孤身，皆当亲重之任，可谓见信者矣，以及子桓兄弟，过于三世矣。孤非徒对诸君说此也，常以语妻妾，皆令深知此意。孤谓之言："顾我万年之后，汝曹皆当出嫁，欲令传道我心，使他人皆知之。"孤此言皆肝鬲之要也。所以勤勤恳恳叙心腹者，见周公有《金縢》之书以自明，恐人不信之故。然欲孤便尔委捐所典兵众以还执事，归就武平侯国，实不可也。何者？诚恐已离兵为人所祸也。

既为子孙计，又已败则国家倾危，是以不得慕虚名而处实祸，此所不得为也。

综观曹操之《明本志令》，大体符合事实。“设使国家无有孤，不知当几人称帝，几人称王。”他先后平定袁术、袁绍、刘表，以及北伐乌桓，北方才能恢复安定的社会生产秩序。从事功上讲，李贽的评语称其为“大英雄语”确不为过。毛泽东辑录此条，当亦肯定曹操的事功及李贽的评语，英雄之间惺惺相惜。曹操的承诺，说到底也就是在他有生之年，不废汉为魏，他是至死遵循不移的。建安二十四年（219 年），“孙权上书称臣，称说天命。王以权书示外曰：‘是儿欲踞吾著炉火上邪！’”（裴松之注引《魏略》）可见在名实关系上，他是求实而不图虚名，在这一点上，他是聪明的。而实的关键是刀把子必须牢牢地掌握在自己手上，为什么？“离兵为人所祸。”换句话说，别人会拿起刀把子对你下手的。那么这句话是不是有针对性呢？建安元年（196 年）他把汉献帝收留下来以后，固然可以挟天子以令诸侯，这是他写这篇《明本志令》的本意，借此以提高自己的声望，对他进一步荡平各地军阀有利，但留着汉献帝也是一个包袱，处处要予以提防。

不妨了解一下汉献帝如何自洛阳到许昌，及其在曹操身边的遭遇，有助于理解《明本志令》的背景。从兴平元年（194 年）到二年（195 年），三辅大旱，汉献帝不得不离开长安去洛阳。

建安元年（196年），献帝到洛阳，而洛阳的情况极其糟糕：

宫室烧尽，百官披荆棘，依墙壁间，州郡各拥强兵，而委输不至，群僚饥乏，尚书郎以下自出采稆，或饥死墙壁间，或为兵士所杀。（《后汉书·孝献帝纪》）

只有董承和张杨的一部分军队还控制着这个小朝廷。当时是荀彧和程昱劝曹操派曹洪去迎接汉献帝到许昌的，《三国志·魏书·武帝纪》：

秋七月，杨奉、韩暹以天子还洛阳，奉别屯梁。太祖遂至洛阳，卫京都，暹遁走。天子假太祖节钺，录尚书事。洛阳残破，董昭等劝太祖都许。九月，车驾出轘辕而东，以太祖为大将军，封武平侯。

《三国志·魏书·荀彧传》载：

天子拜太祖大将军，进彧为汉侍中，守尚书令。常居中持重，太祖虽征伐在外，军国事皆与彧筹焉。

从《后汉书·孝献帝纪》的记载看，曹操还是把汉献帝原来在洛阳的小朝廷一起搬到许昌来了，朝廷封卫将军董承为辅国将军，伏完等十三人为列侯。当时董承的女儿是汉献帝身边的贵人，伏完的女儿是皇后。据《后汉书·皇后纪下·伏皇后传》记载，汉献帝到许昌以后，与曹操的矛盾还是很深的，其云：

自帝都许，守位而已，宿卫兵侍，莫非曹氏党旧姻戚。议郎赵彦尝为帝陈言时策，曹操恶而杀之。其余内外，多见诛戮。操后以事入见殿中，帝不任其愤，因曰："君若能相辅，则厚；不尔，幸垂恩相舍。"操失色，俯仰求出。旧仪，三公领兵朝见，令虎贲执刃挟之。操出，顾左右，汗流浃背，自后不敢复朝请。董承女为贵人，操诛承（是指建安四年，董承受帝衣带中密诏，与刘备谋诛曹操，因此事曹操杀董承）而求贵人杀之。帝以贵人有妊，累为请，不能得。后自是怀惧，乃与父完书，言曹操残逼之状，令密图之。完不敢发，至十九年，事乃露泄。操追大怒，遂逼帝废后，……以尚书令华歆为郗虑副，勒兵入宫收后。闭户藏壁中，歆就牵后出。时帝在外殿，引虑于坐。后被发徒跣行泣过诀曰："不能复相活邪？"帝曰："我亦不知命在何时！"顾谓虑曰："郗公，天下宁有是邪？"遂将后下暴室，以幽崩。所生二皇子，皆鸩杀之。后在位二十年，兄弟及宗族死者百余人，母盈等十九人徙涿郡。

这件事牵涉到荀彧,《三国志·魏书·荀彧传》之裴松之注引《献帝春秋》云:

董承之诛，伏后与父完书，言司空杀董承，帝方为报怨。完得书以示彧，彧恶之，久隐而不言。完以示妻弟樊普，普封以呈太祖，太祖阴为之备。彧后恐事觉，欲自发之，因求使至邺，劝太祖以女配帝。太祖曰：“今朝廷有伏后，吾女何得以配上，吾以微功见录，位为宰相，岂复赖女宠乎！”彧曰：“伏后无子，性又凶邪，往常与父书，言辞丑恶，可因此废也。”太祖曰：“卿昔何不道之？”彧阳惊曰：“昔已尝为公言也。”太祖曰：“此岂小事而吾忘之！”彧又惊曰：“诚未语公邪！昔公在官渡与袁绍相持，恐增内顾之念，故不言尔。”太祖曰：“官渡事后何以不言？”彧无对，谢阙而已。太祖以此恨彧，而外含容之，故世莫得知。至董昭建立魏公之议，彧意不同，欲言之于太祖。及赍玺书犒军，饮飨礼毕，彧留请间。太祖知彧欲言封事，揖而遣之，彧遂不得言。彧卒于寿春，寿春亡者告孙权，言太祖使彧杀伏后，彧不从，故自杀。权以露布于蜀，刘备闻之，曰：“老贼不死，祸乱未已。”

裴松之引这一段记述对曹操持否定的态度，但也不能说丝毫没有影踪。这些记载从另一侧面显示出曹操之所以作《明本志令》的历史背景，或许它起着掩盖曹操与汉献帝之间不宜公开的种种矛盾和困境的作用。尽管如此，曹操《明本志令》所言“设使国家无有孤，不知当几人称帝，几人称王”，还是大实话，无论如何汉献帝只是名义上的天子，他没有实际的事功。曹操说的不能图虚名而受实祸的话，也不是没有道理。若仔细想想，汉献帝是怎么到许昌的，他给董承那个衣带诏对付曹操，曹操也实在没有别的办法应对。说到底，人在高处不胜寒呀！在那个时代，国家顶层的权力角逐，人与人之间的相互关系，最无情分可言了。

第二十三条　评诸葛亮

诸葛亮治蜀，颇尚严峻，人多怨者。……亮曰：“……吾今威之以法，法行则知恩；限之以爵，爵加则知荣。荣恩并济，上下有节，为治之要于斯而著矣。”

【评】

至言，至言！宋儒视此便以为公学术杂申、韩了。可笑，可笑！

【释】

李贽所引这一段文字，出于《三国志·蜀书·诸葛亮传》之裴松之注引《蜀记》转引金城郭冲所言，引其所言二事之一，其云：

亮刑法峻急，刻剥百姓，自君子小人咸怀怨叹，法正谏曰：“昔高祖入关，约法三章，秦民知德，今君假借威力，跨据一州，初有其国，未垂惠抚；且客主之义，宜相降下，愿缓刑弛禁，以慰其望。”亮答曰：“君知其一，未知其二。秦以无道，政苛民怨，匹夫大呼，天下土崩，高祖因之，可以弘济。刘璋暗弱，自焉已来有累世之恩，文法羁縻，互相承奉，德政不举，威刑不肃。蜀土人士，专权自恣，君臣之道，渐以陵替；宠之以位，位极则贱，顺之以恩，恩竭则慢。所以致弊，实由于此。吾今威之以法，法行则知恩，限之以爵，爵加则知荣；荣恩并济，上下有节。为治之要，于斯而著。”

裴松之认为这一段文字不可信，其云：

案法正在刘主前死，今称法正谏，则刘主在也。诸葛职为股肱，事归元首，刘主之世，亮又未领益州，庆赏刑政，不出于己。寻冲所述亮答，专自有其能，有违人臣自处之宜。以亮谦顺之体，殆必不然。又云亮刑法峻急，刻剥百姓，未闻善政以刻剥为称。

从时间上讲，郭冲是西晋初年的人，他这番议论得到西晋初扶风王司马骏的认可。司马骏是晋宣帝司马懿的儿子，在晋武帝司马炎时，曾任镇西大将军、都督雍凉等州诸军事，那里正是诸葛亮六出祁山行军的地区，在其幕下议论诸葛亮之事，亦属自然。

在这个特定条件下，自然是贬诸葛者占多数，贬低诸葛自然就推崇司马骏的父亲，而郭冲能言诸葛之善，在当时属难能可贵。郭冲是陇西人，当亦多少知悉诸葛亮之为人，具体的史实不一定很清晰。法正的地位，当时在刘备那儿亦仅次于诸葛亮。《三国志·蜀书·法正传》记载刘备重用法正：

> 以正为蜀郡太守、扬武将军，外统都畿，内为谋主。一餐之德，睚眦之怨，无不报复，擅杀毁伤己者数人。或谓诸葛亮曰："法正于蜀郡太纵横，将军宜启主公，抑其威福。"亮答曰："主公之在公安也，北畏曹公之强，东惮孙权之逼，近则惧孙夫人生变于肘腋之下；当斯之时，进退狼跋，法孝直为之辅翼，令翻然翱翔，不可复制，如何禁止法正使不得行其意邪！"

在诸葛亮看来，刘备能治蜀，得益于法正，是法正帮助刘备摆脱困境，而"翻然翱翔，不可复制"。可见诸葛亮对法正是看其大节，当然对法正"睚眦之怨，无不报复，擅杀毁伤己者数人"的行为是有异议的。从法正的作为看，他表现了当地豪强任意作为的一面，刘备称汉中王，是在曹操去世的当年、曹丕称帝之前，那一年也是魏文帝曹丕黄初元年。刘备以法正为尚书令、护军将军，法正次年即去世了，时年四十五岁。裴松之认为从时间上讲，郭冲如此叙述法正与诸葛亮的对话，违反时理，这是对的。但二人在蜀执政的理念还是有区别的，这一段对话正是反映了二人在蜀执政理念上的差异。法正代表蜀土本地人士“专擅自恣”而要求“缓刑弛禁”的一面，诸葛亮则主张唯有“威之以法”，才能恢复秩序，以得民心。这与当年刘邦进入关中时的形势不同，当时刘邦采取约法三章，宽以待人，使“秦民知德”，赢得关中民心，从而使刘邦能以关中为根据地与项羽逐鹿中原。而东汉末年的蜀地，在刘璋统治时期，“蜀土人士，专权自恣，君臣之道，渐以陵替”，而且刘备对益州而言毕竟是外来入主之人，不适当压制一下本地的地方实力派，怎么能在蜀中站住脚跟呢？李贽《焚书》卷五，有“孔明为后主写申韩管子六韬”条，引《古文苑》载先主临终敕后主之言曰：“申、韩之书，益人意智，可观诵之。”故其云：“孔明之喜申、韩审矣。”正是在这一点上，诸葛亮对地方实力派始终保持警惕，如诸葛亮对李严的处置便是如此。李严本来是刘璋的成都令，刘备入川以后，诸葛亮执政，还是启用李严。刘备去世时，李严与诸葛亮同受遗诏辅政，李严改名为李平。诸葛亮一旦发现他有问题，立即将其废为庶民，但还是让他有复职的希望，史称“平常冀亮当自补复”。诸葛亮去世，他也发病而死了，没有留下后患。宽严之政，因势而为，一张一弛，文武之道也，这个道理古今是相通的。郭冲关于诸葛亮的这一番议论，于今还是有益的。从某种意义上讲，裴松之这样考证，有一点道理，但他捡了芝麻，丢了西瓜。毛泽东辑录这一条对诸葛亮的议论及李贽的评语，还是对其抱肯定的态度，不能如宋儒那样对法家完全持否定的态度。中国历史上，历朝历代一直是儒法并用的。《汉书·元帝纪》的序，讲到汉宣帝对时为太子的汉元帝的批评。

见宣帝所用多文法吏，以刑名绳下，大臣杨恽、盖宽饶等坐刺讥辞语为罪而诛，尝侍燕从容言："陛下持刑太深，宜用儒生。"宣帝作色曰："汉家自有制度，本以霸王道杂之，奈何纯任德教，用周政乎！且俗儒不达时宜，好是古非今，使人眩于名实，不知所守，何足委任？"乃叹曰："乱我家者，太子也！"

讲到汉家自有制度，所谓霸王道杂之，即儒表法里也。儒家讲王道，这是摆在场面上的文章。法家的霸道，即专政也，也就是法家与儒家二者互为表里。汉代从汉元帝起，纯用儒家，元、成、哀、平一代不如一代，在王莽这个大儒手里断送了汉的天下。故曹操在《明本志令》中称：

诚恐己离兵为人所祸也。既为子孙计，又己败则国家倾危，是以不得慕虚名而处实祸，此所不得为也。

附：读《藏书·世纪列传总目前论》

李氏曰：人之是非，初无定质；人之是非人也，亦无定论。无定质，则此是彼非并育而不相害。无定论，则是此非彼亦并行而不相悖矣。然则今日之是非，谓予李卓吾一人之是非，可也；谓为千万世大贤大人之公是非，亦可也；谓予颠倒千万世之是非，而复非是予之所非是焉，亦可也，则予之是非，信乎其可矣。

前三代，吾无论矣。后三代，汉唐宋是也。中间千百余年，而独无是非者，岂其人无是非哉？咸以孔子之是非为是非，故未尝有是非耳。然则予之是非人也，又安能已。夫是非之争也，如岁时然，昼夜更迭，不相一也。昨日是而今日非矣，今日非而后日又是矣。虽使孔夫子复生于今，又不知作如何非是也，而可遽以定本行罚赏哉！

老来无事，爰览前目，起自春秋，讫于宋元，分为纪、传，总类别目，用以自怡，名之曰《藏书》。《藏书》者何？言此书但可自怡，不可示人，故名曰《藏书》也。而无奈一二好事朋友，索览不已，予又安能以已邪！但戒曰：览则一任诸君览观，但无以孔夫子之定本行罚赏也，则善矣。

【释】

李贽论史之著作，有《藏书》与《史纲评要》两种。《藏书》是纪传体，而《史纲评要》是编年体。中国的史书，自汉武帝接受董仲舒的建议“罢黜百家，独尊儒术”以来，史论皆以儒家为宗旨，但也有不少史家，诸如李贽则反其意而用之。在李贽看来，人们对事物的是非，“初无定质”，对许多人物的评论也没有定论，有许多问题和相关人物之评价也是随着时间的推移而不断变化的。所以不能以孔子即儒学的是非观念来判断人与事之是非，如果以孔子之是非为是非，这实际上是“未尝有是非也”，故儒生们对秦始皇的评价观念不能作根据，也正是在这一点上，毛泽东欣赏李贽的作品。

现介绍一下李贽之《藏书》的相关情况，《藏书》共六十八卷，纪传体，论述自战国至元亡时的历史人物约八百人。与李贽同时代的公安派重要代表人物袁中道所撰《李温陵传》，称李卓吾酷爱读书，“于诵读之暇，尤爱读史”。又喜欢对历史人物与事件作评论，“上下数千年之间，别出手眼，凡古所称为大君子者，有时攻其所短，而所称为小人不足齿者，有时不没其所长。其意大都在于黜虚文，求实用；舍皮毛，见神骨；去浮理，揣人情。即矫枉之过，不无偏有重轻，而舍其批驳谑笑之语，细心读之，其破的中窾之处，大有补于世道人心。而人遂以为得罪于名教，比之毁圣叛道，则已过矣”。《藏书》由焦竑始刻于南京。焦竑（1546—1620），字弱侯，号漪园，又号澹园，江宁人，万历十七年（1589年）状元，官翰林院修撰，后任太仆寺丞。时任南京司业，与李贽有深交，他向李贽索要此书。李贽《焚书》载有《答焦漪园》一文，称：“承谕，《李氏藏书》谨抄录一通，专人呈览。”信中称“年来有书三种”，即《李氏焚书》《李氏说书》及《李氏藏书》，“惟《藏书》宜闭秘之，而喜其论著稍可，亦欲与知音者一谈，是以呈去也。其中人数既多，不尽妥当，则《晋书》《唐书》《宋史》之罪，非予责也。窃以魏晋诸人，标致殊甚，一经秽笔，反不标致，真英雄子，画作疲软汉矣；真风流名世者，画作俗士；真啖名不济事客，画作褒衣大冠，以堂堂巍巍自负。岂不真可笑。”又言：“今不敢谓此书诸传皆已妥当，但以其是非堪为前人出气而已，断断然不宜使俗士见之，望兄细阅一过，如以为无害，则题数句于前，发出编次本意可矣，不愿他人作半句文字于其间也，何也？今世想未有知卓吾子者也。然此亦惟兄斟酌行之。弟既处远，势难遥度，但不至取怒于人，又不至污辱此书，即为爱我。中间差讹甚多，须细细一番乃可。若论著则不可改易，此吾精神心术所系，法家传爱之书，未易言也。”

李贽在思想观念上颂扬《庄子》与《韩非子》，袁中道《李温陵传》中提到，李贽欣赏《庄子》的汪洋自恣、超然于名利之外，对《韩非子》则称：“申韩之书，得其信赏必罚者，亦足以强主而尊朝廷，即醇正如诸葛，亦手写之以进后主，何尝以意见少驳，遂尽废之哉！”对于儒家，包括六经和宋儒，他都抱否定的态度。其云：“夫《六经》、洙泗之书，粱肉也，世之食粱肉太多者，亦能留滞而成痞，故医者以大黄蜀豆泻其积秽，然后脾胃复而无病。”袁中道对此书评论称：“谓公之书为消积导滞之书可，谓是世间一种珍奇，不可无一，不可有二之书亦可。”

我们了解过此书的背景及作者的思想，再读其《世纪列传总目前论》，便易知其著书之宗旨。李贽在观念上崇尚道、法二家，对儒家这个传统观念指导下完成的史书，抱着审视与批判的态度，对前四史抱肯定的态度，对此后诸史，则抱分析的态度。他认为不能以孔子之是非为是非，若以孔子之是非为是非，则未尝有是非也。对历史人物的评价，实际上也是随着时代的需要之变化而变化的，如市场商品价格那样围绕着需求之变化而变化。故其云：“夫是非之争也，如岁时然，昼夜更迭，不相一也，昨日是而今日非矣，今日非而后日又是矣。”这一点古今都是如此。对儒家的评论也是如此，太平时期对儒家的需求要多一些，何哉？因其可以粉饰太平也。故儒家之思想，亦并非似其所言一无是处、一无用处。毛泽东那个时代重点在治乱，为未来开太平之世，故重申韩之学，好汪洋自恣之文风，此为毛泽东与李贽心心相印的原因。故在一片赞颂之声中，读一点李贽的文字，未尝不是一帖清醒剂。

图书在版编目（CIP）数据

论李贽 / 朱永嘉著 .—北京 : 中国长安出版社 ,2017.9
ISBN 978-7-5107-0924-1

Ⅰ .①论… Ⅱ .①朱… Ⅲ .①李贽（1527-1602）—人物研究 Ⅳ .① B248.91

中国版本图书馆 CIP 数据核字 (2017) 第 233752 号

论李贽

朱永嘉 著

选题策划 何崇吉
责任编辑 应 武 刘英雪
特约编辑 孙明新 李春博
出 版 中国长安出版社
社 址 北京市东城区北池子大街 14 号 (100006)
网 址 http://www.ccapress.com
邮 箱 capress@163.com
发 行 中国长安出版社 全国新华书店
电 话 (010)85099947 85099948
印 刷 环球东方（北京）印务有限公司
开 本 880 毫米 ×1230 毫米 1/32
印 张 11.5
字 数 210 千字
版 次 2018 年 1 月第 1 版

书 号 ISBN 978-7-5107-0924-1
定 价 49.80 元